本書係「敦煌文獻系統性保護整理出版工程」項目成果

二〇二一—二〇三五年國家古籍工作規劃重點出版項目

「十四五」國家重點出版物出版規劃項目

國家古籍整理出版專項經費資助項目

中國國家圖書館藏敦煌文獻

中國國家圖書館 編

第二八册

BD00380～BD00400

國家圖書館出版社

DUNHUANG MANUSCRIPTS IN THE NATIONAL LIBRARY OF CHINA

028

BD00380 ~ BD00400

compiled by the

National Library of China

National Library of China Publishing House

凡例

一　本書刊布中國國家圖書館藏敦煌文獻，以館藏編號爲序編排。

二　館藏編號采用「BD+流水號」格式，如BD00001, BD16579等。背面在編號後加v表示。一個編號包含多件文獻者，編號後分別綴以字母A, B, C等。一件文獻含有多個内容者，以數字-1, -2, -3等標明順序。

三　圖版有縮印或放大處另加説明，尺寸超出本書幅面的以摺葉形式呈現。

四　卷軸裝、梵夾裝、經摺裝等裝幀形制的敦煌文獻，各附外觀圖像。

五　每件文獻依次呈現外觀、正面、背面等。背面僅刊布有文字、圖像或其他要素的圖版，而略去素紙部分，背面圖版同樣以從右到左順序編排。凡有外題者，遵從以上原則。

六　除個別特殊情況外，爲保證閲讀連貫、流暢，圖版儘量通欄呈現。

七　各葉上方附該件文獻全圖，以高亮形式顯示本葉大圖在全卷中的位置。部分長卷文獻全圖祇能分多段呈現時，在上段末以❮符標示下段接續。卷尾内容不足一葉時，文獻全圖使用該圖卷尾部分，亦以❮符標示。背面圖版文字與正面文字方向相反時，文獻全圖按原貌顯示，正文翻轉呈現，以便閲讀研究，用⟲符標示。

八　文獻題名大體沿用中國國家圖書館此前所編多部敦煌文獻目録的考證，部分吸收學界最新研究成果略作調整和完善。文獻題名綜合參考原卷首題、尾題、外題確定，如原卷題名與該文獻正式名稱不同，則采用正式名稱；無題名者，或比定題名，或擬定新名。非漢文文獻在題名前標注語種。有分卷不同等其他情況者，括注於文獻名稱後。

九　本書著録使用通行繁體字，涉及原文中的人名、地名等，必要時保留原字形。

About this publication

1. The documents are presented in shelfmark order.
2. The shelfmarks are in the form BD plus a running number, eg. BD00001, BD16579, &c. If a given shelfmark contains multiple documents, these are distinguished by the letters A, B, C, &c. If a document has multiple contents, they are distinguished by the numbering 1, 2, 3, &c. The verso side of an item is indicated by the letter v.
3. If it has been necessary to reduce or enlarge the size of an illustration, the dimensions are indicated. If the size of an illustration exceeds the size of the book, a folding sheet is used.
4. If the document is a scroll, a folded sutra, or has a stitched binding, a picture of the whole object is provided to show its external appearance.
5. The cover, front, and back of each document are reproduced in sequence. The back of a document is only reproduced if it contains text, illustrations, or other markings, and it is oriented from right to left. If it is blank it is not reproduced.
6. Except in a few special cases, the lines of text are reproduced unbroken to make them coherent and easier to read.
7. An illustration of the complete document is reproduced at the top of each page, and the section where the main illustration appears is highlighted in order to indicate its position. If it has only been possible to reproduce a long scroll in sections, the direction symbol ❮ has been used to indicate where one illustration ends and the next one begins. If the end of the scroll occupies less than one page, the direction symbol ❮ is used to indicate its position in the illustration of the complete document. If the text on the back of the document has a different orientation from the text on the front, it is reproduced as it is, but is also rotated (indicated with the rotation symbol ⦿) so that it can be read easily.
8. The titles of the documents generally conform with those already established by the Library, but in some cases have been amended by drawing on the most recent scholarly research. The titles are derived firstly from the beginning of the text, then from the end of the text, and lastly from the cover. If the title of a document differs from its authoritative form, the authoritative form is used; and if a document has no title, one is either supplied by comparison with similar documents, or a new one is devised. If the document is not in Chinese, its language is indicated before the title. If the number of juan is different from that of the authoritative version, or if there are other irregularities, this is noted.
9. The documents in the book are in traditional Chinese characters. Where the title contains personal or place names, the original characters used for these names are retained.

(Translated by David Helliwell)

第二八册目録

BD00380　大方廣佛華嚴經（异卷）卷二二

（東晋）佛馱跋陀羅　譯

248.5cm × 26cm

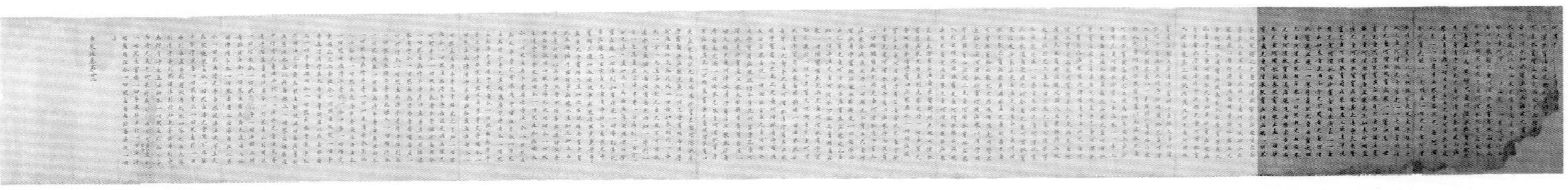

阿僧祇□□□□□月寶像
阿僧祇寶樹庄嚴悉能普□
阿僧祇寶繒庄嚴充滿世界庄飾无量
量阿僧祇細滯寶衣以為庄嚴无量阿
眾寶挺流以為庄嚴示現菩薩清淨一切智
眼无量阿僧　　□庄嚴一一寶顯百千菩
薩以為嚴飾无量阿僧祇眾寶宮殿庄嚴悉
能除滅諸處所愛无量阿僧祇眾寶庄嚴金
剛摩尼以為嚴飾无量阿僧祇雜寶庄嚴示
現无量清淨妙色无量阿僧祇金剛圍山庄
嚴其音普動一切世界出生无量阿僧祇諸變
化身一一化身等法界等各放无量阿僧
衣少寶光明一一光明出一切光无量阿僧

[illegible]
放无量阿僧祇无㝵寶光一一光明普照法
界无量阿僧祇衆寶庄嚴一一寶中具一切
寶无量阿僧祇寶藏庄嚴自然演說諸法寶
藏无量阿僧祇寶幢庄嚴建立如來妙焰慧
幢无量阿僧祇賢寶庄嚴身之清淨大乘賢
寶无量阿僧祇寶蘭庄嚴菩薩三昧清涼悅
樂无量阿僧祇諸妙寶音自然演出一一音
中出如來音充滿十方无不聞者无量阿僧
祇寶像庄嚴一一像身普放无量法寶光明
无量阿僧祇衆相庄嚴一切衆相无相庄嚴
无量阿僧祇寶威儀庄嚴見者樂求菩薩威
儀无量阿僧祇長養衆寶庄嚴出生一切妙
寶庫藏无量阿僧祇衆寶安住庄嚴一切衆

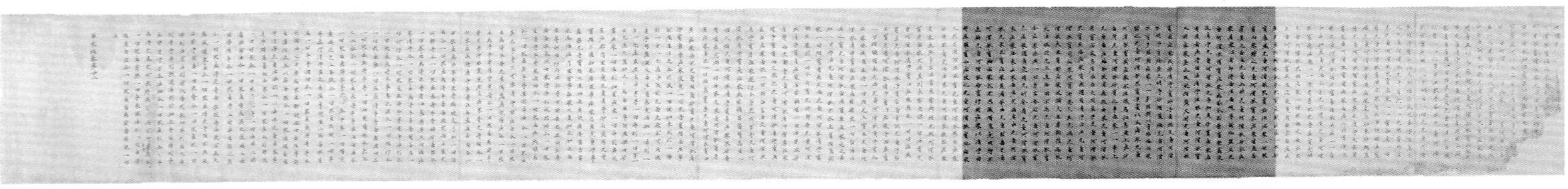

嚴无量阿僧祇長養衆寶莊嚴出生一切衆
寶庫藏无量阿僧祇衆寶安住莊嚴一切衆
寶而嚴餝之无量阿僧祇寶衣莊嚴皆悉善
覆具足菩薩无量三昧无量阿僧祇妙衣莊
嚴其發心者即得菩薩善現等諸陀羅尼无
量阿僧祇脩寶莊嚴悉能分別衆寶難應决
定清淨无量阿僧祇无导知見妙寶莊嚴若
有見者悉得諸法清淨法眼无量阿僧祇寶
天冠莊嚴具足成就智慧天冠无量阿僧祇
寶坐莊嚴成佛清淨寶師子坐無量阿僧
祇明淨寶燈具足明淨妙智慧燈无量阿僧
祇寶多羅樹莊嚴一一多羅樹以寶瓔珞而嚴
餝之无量阿僧祇衆寶涼臺以為莊嚴无量

无量菩薩結跏趺坐遍遊法界无量阿僧祇
菓寶庄嚴身薩婆若大智慧果无量阿僧祇
衆寶瓔珞庄嚴皆悉脩習清淨正法无量阿
僧祇寶宅庄嚴衆寶街巷人民充滿无量阿
僧祇大王寶都庄嚴彼諸大王勇猛精進被
大法鎧於无上道堅固不退无量阿僧祇寶
合庄嚴除滅一切勞室貪欲无量阿僧祇寶
衣庄嚴隨意受用无所貪著无量阿僧祇寶
家庄嚴捨家出家菩薩充滿其中无量阿僧
祇无數之寶庄嚴見者發生无量歡喜无量
阿僧祇寶輪庄嚴放不思議智慧光明轉不
退輪无量阿僧祇妙寶行樹庄嚴以清淨因
那尼羅寶而庄挍之无量阿僧祇寶地庄嚴

那庄羅寶而庄挍之无量阿僧祇寶地庄嚴
分別不現不思議寶无量阿僧祇衆器庄嚴
出自然音充滿法界无量阿僧祇衆器庄嚴
盡未來際常出法音未曾斷絶无數阿僧祇
寶身庄嚴充滿其剎悉能受持一切法寶无
量阿僧祇清淨寶口庄嚴具足一切功德藏
寶出无量阿僧祇淨寶言音常說无量淨妙
法寶无量阿僧祇清淨寶心庄嚴得正真寶
一切智願皆悉充滿无量阿僧祇清淨寶念
庄嚴除滅愚癡得一切智无上寶王无量阿
僧祇清淨寶趣庄嚴悉能攝受一切諸佛正
法之寶无量阿僧祇菩薩寶慧庄嚴決定善
知一切佛法无量阿僧祇不放逸寶智慧庄

祇清淨寶耳庄嚴善能聽聞一切法界微妙
音聲而无鄣㝵无量阿僧祇清淨寶鼻庄嚴
聞淨寶香而无厭足无量阿僧祇清淨寶廣
長舌庄嚴善說一切諸語言法无量阿僧祇
清淨寶身庄嚴遍行十方无所罣㝵无量阿
僧祇清淨寶意庄嚴悉能修習普賢菩薩一
切大願无量阿僧祇清淨寶音庄嚴微妙音
聲皆悉充滿一切世界无量阿僧祇寶身
業庄嚴具足一切智慧寶業无量阿僧祇寶口
業庄嚴廣說无量智慧妙寶无量阿僧祇清
淨寶意業庄嚴究竟一切无㝵寶智菩薩摩
訶薩復作是念於彼一切諸如來剎於一佛
剎一方一毛道中成就无量无數不可思議

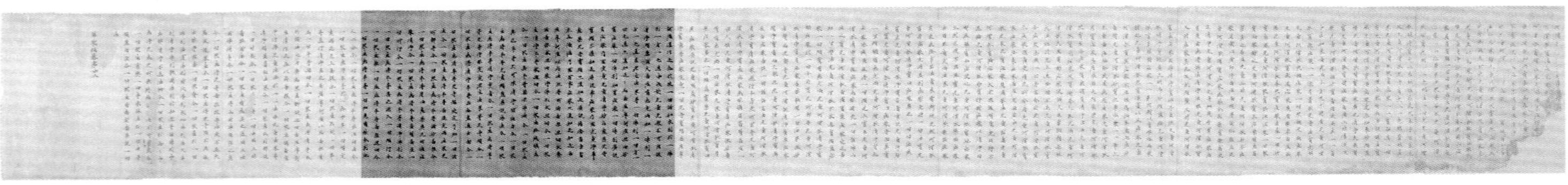

訶薩復作是念於彼一切諸如來刹於一佛
刹一方一毛道中成就无量无數不可思議
清淨智慧諸大菩薩皆悉充滿如一佛刹一
方一毛道盡虛空法界等一切佛刹一切方一
切毛道亦復如是〻為菩薩摩訶薩迴向妙
寶莊嚴一切佛刹如寶莊嚴一切佛刹廣說
香莊嚴乃至究竟无量清淨妙音意業无等
寶智亦復如是廣說華莊嚴乃至究竟淨華
意業无等寶智亦復如是廣說鬘塗香末香
衣蓋幢幡乃至百事莊嚴亦復如是如是菩
薩摩訶薩以此法施等所攝善根迴向長養
諸善根故迴向嚴淨佛刹故迴向令一切衆
生清淨平等故迴向令一切衆生除滅瞋恚

生悉得平等无盡智慧廣說佛法令一切衆
生悉得平等清淨梵音令一切衆生悉得平
等无㝵淨眼究竟虛空法界等无㝵智令一
切衆生悉得清淨平等正念盡過去劫令一
切衆生悉得平等无㝵智決定了知一切諸
法令一切衆生悉得平等菩提充滿法界无
所鄣㝵令一切衆生悉得平等諸妙善根令
一切衆生悉得平等身口意業具足功德莊
嚴清淨令一切衆生悉得平等普賢菩薩一
切所行令一切衆生悉得平等清淨佛刹令
一切衆生悉得平等具足深入一切智行令
一切衆生離一切惡悉得平等善根迴向令
一切衆生悉得平等一切知見皆能分別他

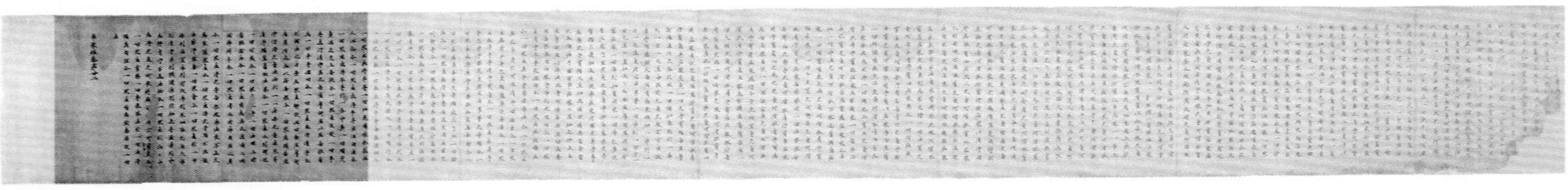

一切眾生離一切惡趣得平等善根迴向令
一切眾生悉得平等一切知見皆能分別他
人心念令一切眾生悉得平等安住白法令
一切眾生悉得平等於一念中具一切智究
竟滿足无上菩提令一切眾生成就一切平
等道行清淨具足菩薩摩訶薩以此善根普
為一切平等迴向令一切眾生悉得清淨分
別諸法之力廣為眾生解說迴向菩薩摩訶
薩復作是念以此善根令一切眾生脩菩薩
淨行得无量法海於一一法海无量法界等
清淨智慧普照法界令一切眾生分別解說
一切句義令一切眾生悉得一切法明三昧
普照諸法令一切眾生皆悉具足隨順三世
諸佛等平令一切眾生得三世佛自在之身

悲救護衆生令一切衆生得无㝵智不思議
法脈淨歡喜一切衆會令一切衆生於一切
佛剎仰覆佛剎府伏佛剎微細佛剎廣大佛
剎清淨佛剎穢濁佛剎於知是等諸佛剎中
悉轉清淨不退法輪令一切衆生於念〻中
悉得无盡无所畏辯廣說法不可窮盡令
一切衆生常樂一向專求勝法於一切法得
智慧自在令一切衆生皆悉歡喜廣說一切
法

華嚴經卷第廿二

華嚴經卷第廿二

BD00381　金有陀羅尼經

BD00381v　己亥年二月廿二日巷社趙社官男亡榮凶納贈歷（擬）

88.6cm × 26.3cm

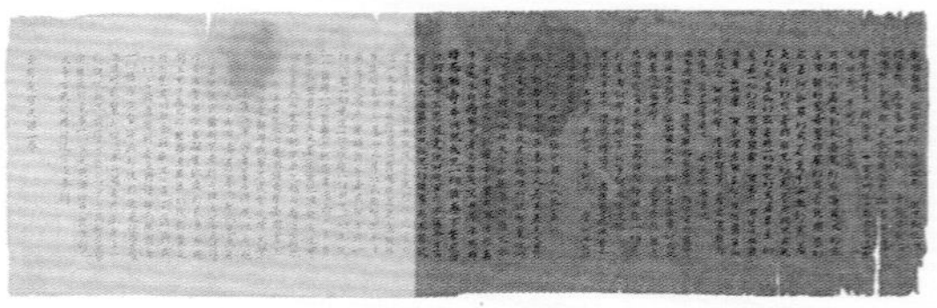

親駇親駇 頻那頻那 薄伽跋䩕 佉屯毘佉屯
攢婆你 悉談婆你 吽駇你 牟訶你阿牟
伽爍䩕 駇羅你 訖梨那訖梨那迦 多梨逝迦
耶婆攢婆也 攢婆也 吽佉也吽佉也 跋悉婆也吽駇
也 吽駇也 牟訶也 牟訶也
所有一切若天幻惑 若龍幻惑 若藥叉幻惑
若羅剎幻惑若緊那羅幻惑若乾闥婆幻
惑若阿修羅幻惑若莫呼洛迦幻惑若
大腹行幻惑若持明呪幻惑若持明呪成就
王幻惑若仙幻惑若持一切明呪幻惑若羣生幻
惑若一切幻惑 囉羅囉羅 囉佉也 囉佉也 姹麽
姹麽 姹姹麽 囉婆囉婆囉婆耶 佐剎蘭單伽
蘭他你 訶那訶那 薩婆䩕哆 奢咄嚧難悉
談婆也 婆尹悉談婆也 秀返悉談婆也

彌奢他也婆世耶　若有於我能為
惡歟諸賊嗔恚嫌惡心鬪諍擬諍欲作一切无
利益者訶耶　訶耶哆訶哆訶波位波位
半位也半位也　攢婆也攢婆也　悉談婆也悉談婆也
半䭾也　半䭾也　牟訶也　牟訶也　摩訶牟訶徐
薄伽䟦羝婆訶
於一切怖畏嫉惱疾願守護我叭軟薩婆訶
攜尸迦若善男子若善女人若王若王大臣能
憶此金有明呪者彼无他怖畏於彼部黨他所
殺罪不能侵惱亦非天亦非龍亦非藥叉亦
非乾闥婆亦非阿修羅亦非緊那羅亦非莫
呼洛迦亦非持明呪者亦非非空母等亦不非
時而捨壽命明呪秘呪一切諸藥不能為害
他所殺罪不能侵逮他所殺軍而不傷命刀不
能害水火毒藥明呪秘呪一切諸藥而不能侵

能害夫妻藥明呪禁呪一切諸藥而不能很
還著於彼自作教他隨喜造罪彼之處所
憍尸迦是淨故信苾蒭苾蒭尼烏波索迦烏
波斯迦善男子善女人等以此明呪呪水七
遍自洗其身能護於身若有欲合於一
切怖畏一切娆惱一切疾疫一切明呪一切禁呪
一切諸藥一切厭蠱而超過者當念此金有
明呪若王若王大臣若欲摧他軍衆伏他軍
衆亦當念此金有明呪若呪線七遍作七結已
繫於身上若呪水七遍能護自身若有書寫
□切怖畏元鄣㝵陁羅尼威能受持或繫
於高幢入軍陣者善安得脫以此明
呪威神之力內族眷屬善安超過未成能
成若欲摧伏諸明呪者於白線上呪七遍已作七
結者能繫摧伏若欲摧伏諸幻惑者取採

一切言論悉能對眷受持讀誦而稱讚者
一切諸罪悉皆消滅却往於彼造作之者及
思惟所惑繫於繩及水白讓者於彼身上一
切明呪秘呪諸藥不能為害未成辦者悉能
成辦彼所求事一切順從時薄伽梵說是語已
天帝百施聞佛所說信受奉行

金有陀羅尼經一卷

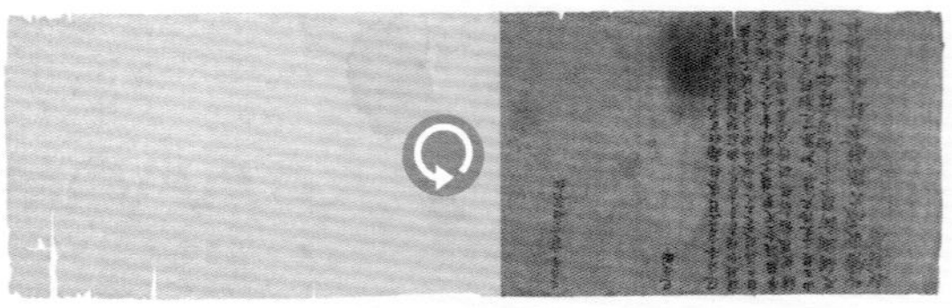

己亥年二月廿三日巷社

己亥年

己亥年二月廿二日巷社趙社官男亡榮凶納贈歷
謹録如後：青黃赤帛緋紅碧緑羅繡皂紬緑
緋花錦綾二丈三尺，故破帛練七尺，黃花帔子壹條
帛錦綾壹疋，碧綾子兩㨾壹疋二尺，紫綾二丈，紫
繡裙陸袖郁無破壞帛，單半綾壹疋，緋綺
巾三㨾，三丈陸疋，帛細絲一疋，細褐一疋，土布兩
疋，紬綢新綾子半，袖肉三㨾，碎破歸[?]叟
吹孀[?]取咸火熊鍼[?]金釘鍼[?]鍼[?]鍼[?]鍼[?]
鮔[?]餡[?]鯞[?]

BD00381v　己亥年二月廿二日巷社趙社官男亡榮凶納贈歷（擬）

BD00382 大般若波羅蜜多經卷五七

（唐）玄奘 譯

94.2cm×25.5cm

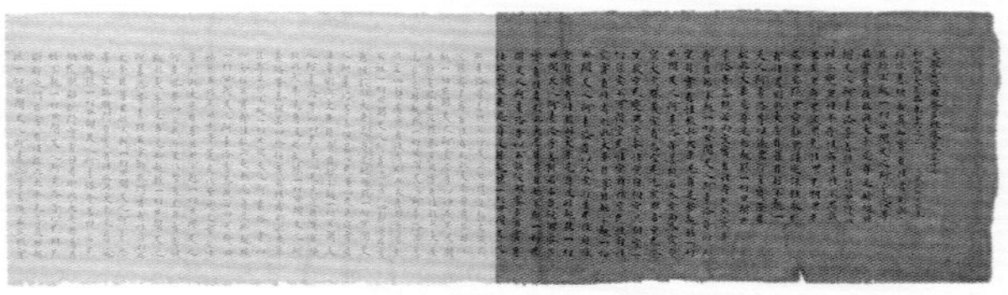

大般若波羅蜜多經卷第五十七

初分讚大乘品第十六之二　三藏法師玄奘奉

復次善現若真如實有性者則此

非妙不超一切世間天人阿素洛等

非實有性故此大乘是尊是妙超勝

間天人阿素洛等善現若法界法

性不變異性平等性離生性不思議

界斷界離界滅界無性界無相界無

爲界安隱界寂靜界法定法住本無

有性者則此大乘非尊非妙不超一

素洛等善現若內空實有性者則此大乘
尊非妙不超一切世間天人阿素洛等以內
空非實有性故此大乘是尊是妙超勝一切
世間天人阿素洛等善現若外空內外空空
空大空勝義空有為空无為空畢竟空无際
空散空无變異空本性空自相空共相空一
切法空不可得空无性空自性空无性自性
空實有性者則此大乘非尊非妙不超一切
世間天人阿素洛等以外空乃至无性自性
空非實有性故此大乘是尊是妙超勝一切
世間天人阿素洛等善現若布施波羅蜜多
實有性者則此大乘非尊非妙不超一切世
間天人阿素洛等以布施波羅蜜多非實有
性故此大乘是尊是妙超勝一切世間天人

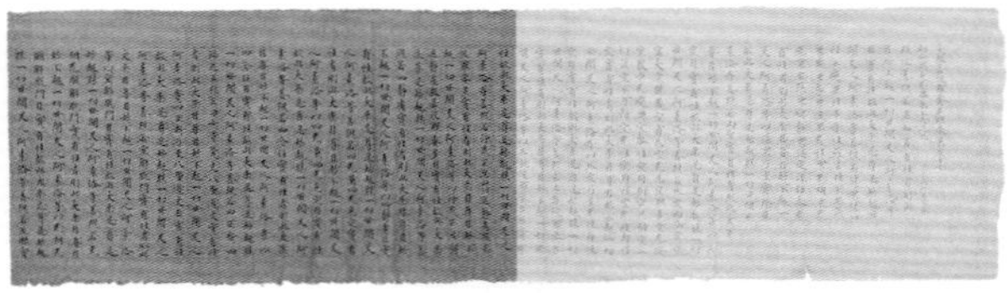

性故此大乘是尊是妙超勝一切世間天人
阿素洛等善現若淨戒安忍精進靜慮般若
波羅蜜多實有性者則此大乘非尊非妙不
超一切世間天人阿素洛等以淨戒安忍精
進靜慮般若波羅蜜多非實有性故此大乘
是尊是妙超勝一切世間天人阿素洛等善
現若四靜慮實有性者則此大乘非尊非妙
不超一切世間天人阿素洛等以四靜慮非實
有性故此大乘是尊是妙超勝一切世間天
人阿素洛等善現若四无量四无色定實有
性者則此大乘非尊非妙不超一切世間天
人阿素洛等以四无量四无色定非實有性
故此大乘是尊是妙超勝一切世間天人阿
素洛等善現若四念住實有性者則此大乘

一切世間天人阿素洛等善現若四正斷四
神足五根五力七等覺支八聖道支實有性
者則此大乘非尊非妙不超一切世間天人
阿素洛等以四正斷乃至八聖道支非實有性
故此大乘是尊是妙超勝一切世間天人
阿素洛等善現若空解脫門實有性者則此
大乘非尊非妙不超一切世間天人阿素洛
等以空解脫門非實有性故此大乘是尊是
妙超勝一切世間天人阿素洛等善現若无
相无願解脫門實有性者則此大乘非尊非
妙不超一切世間天人阿素洛等以无相无
願解脫門非實有性故此大乘是尊是妙超
勝一切世間天人阿素洛等善現若五眼實

BD00383

占察善惡業報經卷上

（隋）菩提燈 譯

48.5cm × 26cm

令離疑網除諸鄣礙信……
根不退佛告堅淨信……哉善哉快問斯
事深適我意今此衆中有一菩薩摩訶薩名曰
地藏汝應以此事而請問之彼當為汝建立方
便開示演說誠如所願時堅淨信菩薩復白
佛言如來世尊無上大智何意不說乃欲令
彼地藏菩薩而演說之佛告堅淨信汝莫生
高下想此善男子發心已來過無量無邊不
可思議阿僧祇劫久已能度薩婆若海功德
滿足但依本願自在力故權巧現化影應十
方雖復普遊一切剎土常起功業而於五濁
惡世化益偏厚亦依本願力所熏習故及因
衆生應受化業故也彼從十一劫來莊嚴此

有化業除遍苦觀世音等諸大菩薩皆不能
及以是菩薩本誓願力速滿衆生一切所求
能滅衆生一切重罪除諸鄣㝵現得安隱又
是菩薩名爲善安慰說者所謂巧演深法能
善開導初學發意求大乘者令不怯弱以如
是等因緣於此世界衆生渴仰受化得度是
故我今令彼說之
尒時堅淨信菩薩既解佛意已尋即歎請
地藏菩薩摩訶薩言善哉救世真士善哉大
智開士如我所問惡世衆生以何方便而化導
使離諸鄣得堅固信如來令者爲欲令汝說
是方便宜當知時衆愍爲說尒時地藏菩薩
摩訶薩語堅淨信菩薩摩訶薩言善男子諦

BD00384 金光明最勝王經卷五

（唐）義净 譯

594.7cm × 25.8cm

我當圓滿修六度　拔濟衆生出苦海
然後得成无上覺　佛土清淨不思議
以妙金鼓奉如來　并讚諸佛實功德
因斯當見釋迦佛　記我當紹人中尊
金龍金光是我子　過去曾爲善知識
世世願生於我家　共受无上菩提記
若有衆生无救護　長夜輪迴受衆苦
我於來世作歸依　令彼常得安隱樂
三有衆苦願除滅　悉得隨心安樂處
於未來世修菩提　皆如過去成佛者
願此金光懺悔福　永竭苦海罪消除
業障煩惱悉皆亡　令我速招清淨果
福智大海量无邊　清淨離垢深无底
[illegible]

既得清淨妙光明　常以智光照一切
願我身光等諸佛　福德智慧亦復然
一切世界獨稱尊　威力自在无倫疋
有漏苦海願超越　无為樂海願常遊
現在福海願恒盈　當來智海願圓滿
願我刹土超三界　殊勝功德量无邊
諸有緣者悉同生　皆得速成清淨智
妙幢汝當知　國王金龍主　曾發如是願　彼即是汝身
往時有二子　金龍及金光　即銀相銀光　當受我所說
大衆聞是說　皆發菩提心　願現在未來　常依此懺悔

金光明最勝王經金勝陀羅尼品第八

尒時世尊復於衆中告善住菩薩摩訶薩善
男子有陀羅尼名曰金勝若有善男子善女人
欲求親見過去未來現在諸佛恭敬供養

男子有陀羅尼名曰金剛杵善男子善女人
欲求親見過去未來現在諸佛恭敬供養
者應當受持此陀羅尼何以故此陀羅尼乃
是過現未來諸佛之母是故當知持此陀羅
尼者具大福德已於過去无量佛所殖諸善
本今得受持於戒清淨不毀不缺无有障礙
決定能入甚深法門世尊即為說持呪法先
稱諸佛及菩薩名至心礼敬然後誦呪

南謨十方一切諸佛　南謨諸大菩薩摩訶薩
南謨聲聞緣覺一切賢聖
南謨釋迦牟尼佛　南謨東方不動佛
南謨南方寶幢佛　南謨西方阿弥陀佛
南謨北方天鼓音王佛　南謨上方廣衆德佛
南謨下方明德佛　南謨寶藏佛
南謨[illegible]　南謨[illegible]

南謨平等見佛
南謨寶上佛
南謨无垢光明佛
南謨淨月光稱相王佛
南謨光明王佛
南謨觀察无畏自在佛
南謨最勝王佛
南謨觀自在菩薩摩訶薩
南謨虛空藏菩薩摩訶薩
南謨金剛手菩薩摩訶薩
南謨无盡意菩薩摩訶薩
南謨慈氏菩薩摩訶薩
陁羅尼曰
南謨曷喇怛娜怛喇夜也

南謨寶髻佛
南謨寶光佛
南謨辯才莊嚴思惟佛
南謨花嚴光佛
南謨善光无垢稱王佛
南謨无畏名稱佛
南謨地藏菩薩摩訶薩
南謨妙吉祥菩薩摩訶薩
南謨普賢菩薩摩訶薩
南謨大勢至菩薩摩訶薩
南謨善慧菩薩摩訶薩
怛姪他

南謨曷喇怛娜怛喇夜也　怛姪他
君睇　君睇　矩析囇矩析囇
壹窒哩窣窒哩　莎訶
佛告善住菩薩此陁羅尼是三世佛母若有
善男子善女人持此呪者能生无量无邊福
德之聚即是供養恭敬尊重讚歎无數諸
佛如是諸佛皆與此人授阿耨多羅三藐三
菩提記善住若有人能持此呪者隨其所欲
衣食財寶多聞聰慧无病長壽獲福甚多隨
所願求无不遂意善住持是呪者乃至未證
无上菩提常與金城山菩薩慈氏菩薩大海
菩薩觀自在菩薩妙吉祥菩薩大氷伽羅菩薩
等而共居止爲諸菩薩之所攝護善住當知
持此呪時作如是法先應誦持滿一万八遍

飲食入道場中先當稱禮如前所說諸佛菩
薩至心慇重悔先罪已右膝著地可誦前呪
滿一千八遍端坐思惟念其所願日未出時
於道場中食淨黑食日唯一食至十五日方
出道場能令此人福德威力不可思議隨所
願求无不圓滿若不遂意重入道場既稱心
已常持莫忘

金光明最勝王經顯空性品第九

尒時世尊說此呪已為欲利益菩薩摩訶薩
人天大衆令得悟解甚深真實第一義故重
明空性而說頌曰

我已於餘甚深經　廣說真空微妙法
今復於此經王內　略說空法不思議
於諸廣大甚深法　有情無智不能解

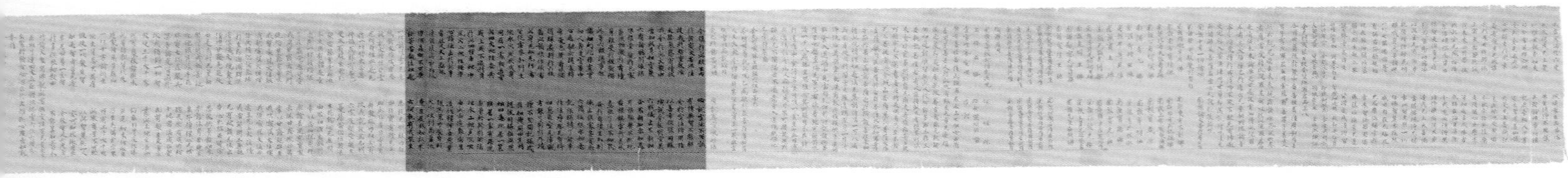

今復於此經王内　略說空法不思議
於諸廣大甚深法　有情無智不能解
故我於斯重敷演　令於空法得開悟
大悲哀愍有情故　以善方便勝因緣
我今於此大衆中　演說令彼明空義
當知此身如空聚　六賊依止不相知
六塵諸賊别依根　各不相知亦如是
眼根常觀於色處　耳根聽聲不斷絶
鼻根恒齅於香境　舌根鎮嘗於美味
身根受於輕耎觸　意根了法不知猒
此等六根隨事起　各於自境生分别
識如幻化非真實　依止根處妄貪求
如人奔走空聚中　六識依根亦如是
心遍馳求隨處轉　託根緣境了諸事

藉此諸根作依處　各能了別於外境
此身无知无作者　體不堅固託緣成
皆從虛妄分別生　譬如機關由業轉
地水火風共成身　隨彼因緣招異果
同在一處相違害　如四毒蛇居一篋
此四大蛇性各異　雖居一處有昇沉
或上或下遍於身　斯等終歸於滅法
於此四種毒蛇中　地水二蛇多沉下
風火二蛇性輕舉　由此乖違眾病生
心識依止於此身　造作種種善惡業
當往人天三惡趣　隨其業力受身形
遭諸疾病身死後　大小便利悉盈流
膿爛蟲蛆不可樂　棄在屍林如朽木
汝等當觀法如是　云何執有我眾生

汝等當觀法如是　云何執有我衆生
一切諸法盡无常　悉從无明緣力起
彼諸大種咸虛妄　本非實有體无生
故說大種性皆空　知此浮虛非實有
无明自性本是无　藉衆緣力和合有
於一切時失正慧　故我說彼爲无明
行識爲緣有名色　六處及觸受隨生
受取有緣生老死　憂悲苦惱恒隨逐
衆苦惡業常纏迫　生死輪迴无息時
本來非有體是空　由不如理生分別
我斷一切諸煩惱　常以正知現前行
了五蘊宅悉皆空　求證菩提真實處
我開甘露大城門　示現甘露微妙器
既得甘露真實味　常以甘露施群生
[illegible]

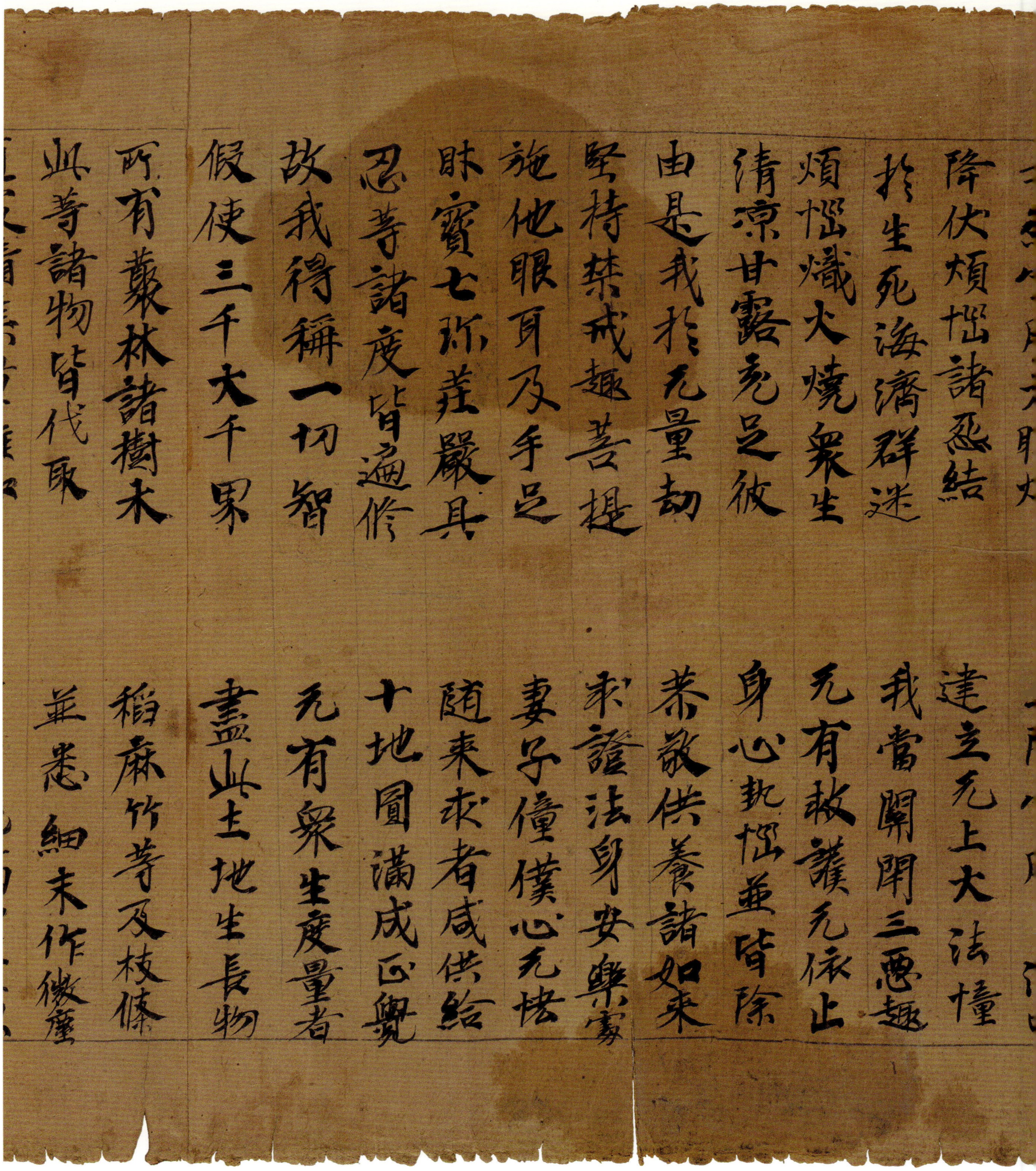

降伏煩惱諸惡結　建立无上大法幢
於生死海濟群迷　我當關閉三惡趣
煩惱熾火燒衆生　无有救護无依止
清涼甘露充足彼　身心熱惱並皆除
由是我於无量劫　恭敬供養諸如來
堅持禁戒趣菩提　求證法身安樂處
施他眼耳及手足　妻子僮僕心无悋
財寶七珎莊嚴具　隨來求者咸供給
忍等諸度皆遍修　十地圓滿成正覺
故我得稱一切智　无有衆生度量者
假使三千大千界　盡此土地生長物
所有叢林諸樹木　稻麻竹葦及枝條
此等諸物皆伐取　並悉細末作微塵

此等諸物皆代取　並悉細末作微塵
隨處積集量難知　乃至充滿虛空界
一切十方諸剎土　所有三千大千界
地土皆悉末爲塵　此微塵量不可數
假使一切衆生智　以此智慧與一人
如是智者量無邊　容可知彼微塵數
牟尼世尊一念智　令彼智人共度量
於多俱胝劫數中　不能算知其少分
時諸大衆聞佛說此甚深空性有無量衆生
悉能了達四大五蘊體性俱空六根六境妄
生繫縛願捨輪迴正修出離深心慶喜如說
奉持
金光明最勝王經依空滿願品第十
尒時如意寶光耀天女於大衆中聞說深法

行之法而說頌言

我問照世界　兩足最勝尊　菩薩正行法　唯願慈聽許

佛言善女天　若有疑惑者　隨汝意所問　吾當分別說

是時天女請世尊曰

云何諸菩薩　行菩提正行　離生死涅槃　饒益自他故

佛告善女天依於法界行菩提法修平等行

云何依於法界行菩提法修平等行謂於五蘊能現法界法界即是五蘊五蘊不可說非五蘊亦不可說何以故若法界是五蘊即是斷見若離五蘊即是常見離於二相不著二邊不可見過所見无名无相是則名為說於法界善女天云何五蘊能現法界如是五蘊不從因緣生何以故若從因緣生者為已生故生為未生故生若已生生者何用因緣若

不從因緣生何以故若從因緣生者爲已生
故生爲未生故生若已生生者何用因緣若
未生生者不可得生何以故未生諸法即是
非有无名无相非挍量譬喻之所能及非是
因緣之所生故善女天譬如鼓聲依木依皮
及桴手等故得出聲如是鼓聲過去亦空
未來亦空現在亦空何以故是鼓音聲不從木
生不從皮生及桴手生不於三世生是則不
生若不可生則不可滅若不可滅无所從來
若无所從來亦无所去若无所去則非常非
斷若非常非斷則不一不異何以故此若是
一則不異法界若如是者凡夫之人應見真
諦得於无上安樂涅槃既不如是故知不一
若言異者一切諸佛菩薩行相即是執著未

是故不異故知五蘊非有非无不從因緣生
非无因緣生是聖所知非餘境故亦非言說
之所能及无名无相无因无緣亦无譬喻始
終寂靜本來自空是故五蘊能現法界善女
天若善男子善女人欲求阿耨多羅三藐三
菩提異真異俗難可思量於凡聖境體非
一異不捨於俗不離於真依於法界行菩提行
尒時世尊作是語已時善女天踊躍歡喜即
從座起偏袒右肩右膝著地合掌恭敬一心
頂禮而白佛言世尊如上所說菩提正行我
今當學是時索訶世界主大梵天王於大衆
中問如意寶光耀善女天曰此菩提行難可
修行汝今云何於菩提行而得自在尒時善

修行汝今云何於菩提行而得自在尒時善
女天荅梵王曰大梵王如佛所說實是甚深
一切異生不解其義是聖境界微妙難知若
使我今依於此法得安樂住是實語者願令
一切五濁惡世无量无數无邊衆生皆得金色
卅二相非男非女坐寶蓮花受无量樂　雨
天妙花諸天音樂不鼓自鳴一切供養皆悉
具足時善女天說是語已一切五濁惡世所
有衆生皆悉金色具大人相非男非女坐寶
蓮花受无量樂猶如他化自在天宮无諸惡
道寶樹行列七寶蓮花遍滿世界又雨七寶
上妙天花作天伎樂如意寶光耀善女天即
轉女身作梵天身時大梵王問如意寶光耀
菩薩言仁者如何行菩提行荅言梵王若永

本[illegible]

行菩提行若谷響行菩提行我亦行菩提行

時大梵王聞此說已白菩薩言仁依何義而

說此語答言梵王无有一法是實相者但由

因緣而得成故梵王言若如是者諸凡夫人

皆悉應得阿耨多羅三藐三菩提答言仁以

何意而作是說愚癡人異智慧人異菩提異

非菩提異解脫異非解脫異梵王如是諸法

平等无異於此法界真如不異无有中間而

可執著无增无減梵王譬如幻師及幻弟子

善解幻術於四衢道取諸沙土草木葉等聚

在一處作諸幻術使人覩見象眾馬眾車兵

等眾七寶之聚種種倉庫若有眾生愚癡无

智不能思惟不知幻本若見若聞作是思惟

我所見聞象馬等眾此是實有餘皆虛妄

智不能思惟不知幻本若見若聞作是思惟
我所見聞象馬等衆此是實有餘皆虛妄
於後更不審察思惟有智之人則不如是了於
幻本若見若聞作如是念如我所見象馬等
衆非是真實唯有幻事惑人眼目妄謂象等
及諸倉庫有名无實如我見聞不執爲實後
時思惟知其虛妄是故智者了一切法皆无
實體但隨世俗如見如聞表宣其事思惟諦
理則不如是復由假說顯實義故梵王愚癡
異生未得出世聖慧之眼未知一切諸法真
如不可說故是諸凡愚若見若聞行非行法
如是思惟便生執著謂以爲實於第一義不
能了知諸法真如是不可說是諸聖人若見
若聞行非行法隨其力能不生執著以爲實

隨世俗說為欲令他知真實義如是梵王是
諸聖人以聖智見了法真如不可說故行非
行法亦復如是令他證知故說種種世俗名言
時大梵王問如意寶光耀菩薩言有幾衆生
能解如是甚深正法答言梵王有衆幻人心
心數法能解如是甚深正法梵王曰此幻化
人體是非有此之心數從何而生答曰若知
法界不有不无如是衆生能解深義
尒時梵王白佛言世尊是如意寶光耀菩薩
不可思議通達如是甚深之義佛言如是如
是梵王如汝所言此如意寶光耀已教汝等
發心修學无生忍法是時大梵天王與諸梵
衆從座而起偏袒右肩合掌恭敬頂禮如意
寶光耀菩薩

衆從座而起偏袒右肩合掌恭敬頂礼如意
寶光耀菩薩足作如是言希有希有我等
今日幸遇大士得聞正法
尒時世尊告梵王言是如意寶光耀於未來
世當得作佛号寶燄吉祥藏如來應正遍知
明行圓滿善逝世間解无上士調御丈夫天
人師佛世尊說是品時有三千億菩薩於阿
耨多羅三藐三菩提得不退轉八千億天子
无量无數國王惡民遠塵離垢得法眼淨
尒時會中有五十億苾蒭行菩薩行欲退
菩提心聞如意寶光耀菩薩說是法時皆得
堅固不可思議滿足上願更復發起菩提之心
各自脫衣供養菩薩重發无上勝進之心作
如是願願令我等功德善根悉皆不退迴向

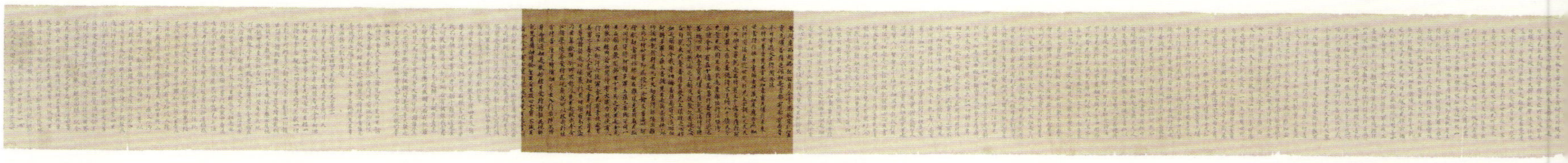

生死尒時世尊即為授記汝諸苾芻過世阿
僧祇劫當得作佛劫名難勝光王國名无垢
光同時皆得阿耨多羅三藐三菩提皆同一
号名願莊嚴間飾王十号具足梵王是金光
明微妙經典若正聞持有大威力假使有人
於百千大劫行六波羅蜜无有方便若有
善男子善女人書寫如是金光明經半月半
月專心讀誦是功德聚於前功德百分不及
乃至筭數譬喻所不能及梵王是故我今令
汝脩學憶念受持為他廣說何以故我於往
昔行菩薩道時猶如勇士入於戰陣不惜
身命流通如是微妙經王受持讀誦為他解
說梵王譬如轉輪聖王若王在世七寶不滅王
若命終所有七寶自然滅盡梵王是金光明

說梵王譬如轉輪聖王若王在世七寶不滅王
若命終所有七寶自然滅盡梵王是金光明
微妙經王若現在世无上法寶悉皆不滅若
无是經隨處隱沒是故應當於此經王專心
聽聞受持讀誦為他解說勸令書寫行精
進波羅蜜不惜身命不憚疲勞功德中勝我
諸弟子應當如是精勤修學
尒時大梵天王與无量梵衆帝釋四王及諸
藥叉俱從座起偏袒右肩右膝著地合掌恭
敬而白佛言世尊我等皆願守護流通是金
光明微妙經典及說法師若有諸難我當除
遣令具衆善色力充足辯才无礙身意泰
然時會聽者皆受安樂所在國土若有飢饉
惡賊非人為惱害者我等天衆皆為擁護使其

如佛不異
尒時佛告大梵天王及諸梵衆乃至四王諸
藥叉等善哉善哉汝等得聞甚深妙法復
能於此微妙經王發心擁護及持經者當獲无
邊殊勝之福速成无上正等菩提時梵王等
聞佛語已歡喜頂受
金光明最勝王經四天王觀察人天品第十一
尒時多聞天王持國天王增長天王廣目天
王俱從座起偏袒右肩右膝著地合掌向佛
礼佛足已白言世尊是金光明最勝王經一
切諸佛常念觀察一切菩薩之所恭敬一切
天龍常所供養及諸天衆常生歡喜一切護
世稱揚讚歎聲聞獨覺皆共受持悉能明
照諸天宮殿能與一切衆生殊勝安樂止息地

BD00384　金光明最勝王經卷五

照諸天宮殿能與一切衆生殊勝安樂止息地
獄餓鬼傍生諸趣苦惱一切怖畏悉能除殄
所有怨敵尋即退散飢饉惡時能令豐稔疾
疫病苦皆令蠲愈一切災變百千苦惱咸悉
消滅世尊是金光明最勝王經能爲如是安
隱利樂饒益我等唯願世尊於大衆中廣爲
宣說我等四王并諸眷屬聞此甘露無上法
味氣力充實增益威光精進勇猛神通倍勝
世尊我等四王修行正法常說正法以法化
世我等令彼天龍藥叉健闥婆阿蘇羅揭路
荼俱槃荼緊那羅莫呼羅伽及諸人王常以
正法而化於世遮去諸惡所有鬼神吸人精
氣無慈悲者悉令遠去世尊我等四王與二
十八部藥叉大將并與無量百千藥叉以淨

若有國王被他怨賊常來侵擾及多飢饉疾
疫流行无量百千災厄之事世尊我等四王
於此金光明最勝王經恭敬供養若有苾芻
法師受持讀誦我等四王共往覺悟勸請其
人時彼法師由我神通覺悟力故往彼國界
廣宣流布是金光明微妙經典由經力故令
彼无量百千衰惱災厄之事悉皆除遣世尊
若諸人王於其國內有持是經苾芻法師至
彼國時當知此經亦至其國世尊時彼國王
應往法師處聽其所說聞已歡喜於彼法師
恭敬供養深心擁護令无憂惱演說此經利
益一切世尊以是經故我等四王皆共一心
護是人王及國人民令離災患常得安隱世
尊若有苾芻尼鄔波索迦鄔波斯迦持

尊若有苾芻尼鄔波索迦鄔波斯迦持
是經者時彼人王隨其所須供給供養令无
乏少我等四王令彼國主及以國人悉皆安
隱遠離災患世尊若有受持讀誦是經典者
人王於此供養恭敬尊重讚歎我等當令
彼王於諸王中恭敬尊重最為第一諸餘
國王共所稱歎大衆聞已歡喜受持

金光明最勝王經卷第五

奕盈益 齅許救 窒丁結 稔任甚

BD00384　金光明最勝王經卷五

BD00385

金剛壇廣大清净陀羅尼經

（唐）曇倩 譯

232.9cm × 26.4cm

色交因緣幻起隨假名說終歸於空無定之實
故如是名色無造作性亦無作者亦無我相
菩提之性亦復如是無我無造但假名說空無
實故是名色性及菩提性於一切智乃至十
方周遍推求不可得故但有名字如是名字
性復空故當知即是名色解脫陁羅尼門舅
殊室利應知六入爲菩提種舅殊室利復白
佛言云何六入爲提菩種佛言舅殊室利如
是六入因緣六塵自性空故無和合故無去来
故眼不自知我能見色耳不自知我能聞聲
鼻不自知我能嗅香舌不自知我能嘗味身
不自知我能覺觸意不自知我能知法眼不

復如是文殊室利眼非屬色色非屬眼非異
別中住自住故乃至意法亦復如是無知無主
自性空故文殊室利以法空故當知即是六
入解脫陁羅尼門文殊室利當知觸支為
菩提種文殊室利復白佛言云何觸支為菩
提種佛言文殊室利如來說觸有其六種所
謂眼識相應生觸乃至意識相應生觸如是
觸者根境識三因緣和合之所生故復從無
量追求計念積聚和合之所生故如是能生
觸支因緣空無主故所生之觸亦復如是猶如
幻化虛誑造作空無實故究竟同於寂滅如
故文殊室利當知即是觸支解脫陁羅尼門
文殊室利當知受支為菩提種文殊室利復

故文殊師利當知即是觸支解脫陁羅尼門
文殊師利當知受支為菩提種文殊師利復
白佛言云何受支為菩提種佛言文殊師利
受有三種所謂苦受樂受捨受文殊師利而
白佛言如是三受不在内不在外不在中間文
殊師利而白佛言如是受性内外中間住無住
故當知是空佛告文殊師利一切衆生云何
名為受於諸受文殊師利而白佛言一切衆生
癡誑惱熱失本心故失正念故顛倒妄想
現在前故而便執有苦受樂受捨受不苦不
樂世尊如是諸受猶如幻化虚誑不實空無
定性順於如故無生起故文殊師利以是義
故當知即是受支解脫陁羅尼門文殊師利

何愛支為菩提種曼殊室利於意云何辟如
有人本無男女生男女愛如是愛心為在內
外為在中間於何起耶曼殊室利而白佛言
如無男女當知愛心則無去處佛言曼殊室利
是人或時語其女色欲事和合產生男女於是
男女復生貪愛曼殊室利於意云何以是貪
愛復於何處而得起耶為從東方南西北方
中間內外何所來耶曼殊室利而白佛言如
是貪愛不從東方南西北方中間內外諸處
中來佛言曼殊室利如是貪愛誰為主宰
誰造誰作誰為作者曼殊室利復白佛言如
是貪愛空無主宰無造無作亦无作者但以眾生
愚癡黑暗遮閉慧眼顛倒狂乱奔騰境界如

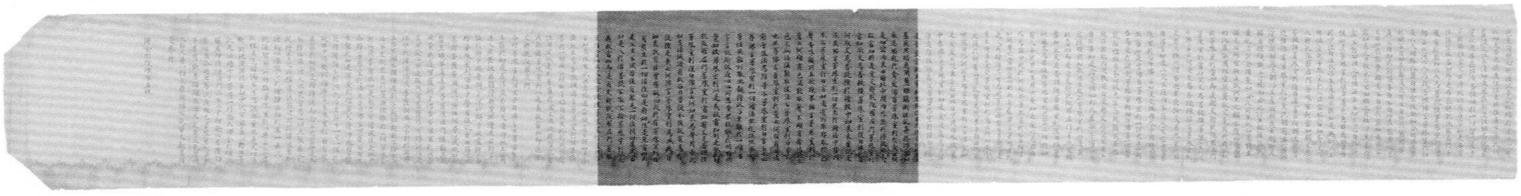

是貪愛空無主宰無造無作亦无作者但以衆生
愚癡黑暗遮閉慧眼顛倒狂乱奔騰境界如
焱逐焰起於貪愛佛言曼殊室利於意云何
是如空法東西南北中間内外無所得故無来去
故當知則是愛支解脱陁羅尼門曼殊室利
當知取支為菩提種曼殊室利復白佛言云
何取支為菩提種於諸經中如来未曾説是
深義佛言曼殊室利一切衆生於諸法中有所
取不曼殊室利白言如是有所取耶取於色
聲香味觸所五欲境界佛言曼殊室利於
意云何頗有色法能取聲不頗有聲法能取
色不此法復能取彼法不曼殊室利白言不
也世尊佛言曼殊室利於意云何頗有此法

㝵性無能所取無觀持故乃至離於一切名
字言說斷故過心心所思量界故離於明暗無
覺知故文殊室利以是義故當知則是取支解
脫陀羅尼門文殊室利當知有支是菩提種
文殊室利復白佛言云何如來為聲聞等說
如是法滅諸有故名曰菩提今復說有為菩
提種是義云何佛言文殊室利為滅故有
如來說有非曾有故而說於有文殊室利若
有衆生於一切法作如是解如作是見當知則
是不生不滅若復有能見一切法猶如虛空當
知是人於佛菩提不取不捨文殊室利以是
義故當知即是有支解脫陀羅尼門文殊

知是人於佛菩提不取不捨曼殊室利以是
義故當知即是有支解脫陁羅尼門曼殊
室利當知生支是菩提種曼殊室利復白佛
言如來往昔説無生法是菩提道云何如來今
復説生為菩提種佛言曼殊室利諸菩薩
等於一切法分明照了始自無生終則無滅二法
性自空故是則菩薩於諸生法流轉習氣盡
滅無餘曼殊室利以是義故當知即是生
支解脫陁羅尼門
尒時曼殊室利法王子白佛言世尊若有衆
生能於如是甚深微妙廣大清淨無上法門
深入無畏便能獲得無量無邊速疾辯才
猛利辯才無㝵辯才深妙辯才無盡辯才無
時曼殊室利法王子[illegible]前住已復白佛言

甚深境界通達無㝵甚深法門復能具足
無量無邊智慧辯才佛告曼殊室利法王子
言無發心無進趣此諸菩薩乃可得說住是
地中於諸佛法及菩薩相無所分別於諸佛
法亦不顯示種種差別不斷婬怒癡不捨世間
法不度脫衆生於甚深法離於二相曼殊室
利此諸菩薩住如是解乃可得說住是地中
尒時曼殊室利法王子白佛言世尊若有衆
生能於如是佛金剛壇廣大清淨陁羅尼經
受持讀誦分別演說乃至極少一句一偈於
現世中得幾所福佛言曼殊室利若有衆
生能於此經受持讀誦念念不忘當知是人

生能於此經受持讀誦念念不忘當知是人
不謗正法得大無畏當爲一切天龍藥叉乾
闥縛等之所擁護復能決定於佛深法斷
諸疑心復能分别種種法相於第一義成
就深智無所動揺曼殊室利以要言之當知
此經具足圓滿不可思議無量無邊大功德
聚假使諸佛於百劫中説不能盡尒時世尊
説是法時十千菩薩一時證入佛金剛壇陁
羅尼印清淨法門三万二千初發心菩薩得
柔順忍尒時世尊説是經已曼殊室利法王
子菩薩歡喜踊躍及諸天龍藥叉乾闥縛
人非人等一切大衆聞佛所説皆大歡喜信
受奉行

佛金剛壇陁羅尼經

BD00386 維摩詰所說經卷中

（後秦）鳩摩羅什 譯

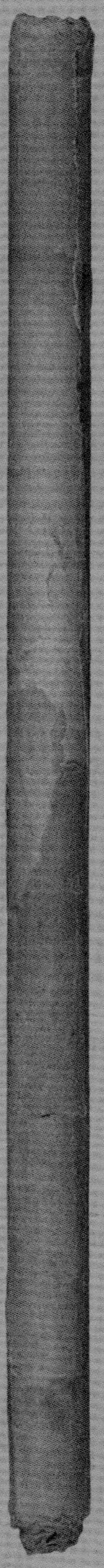

49.5cm×25.5cm

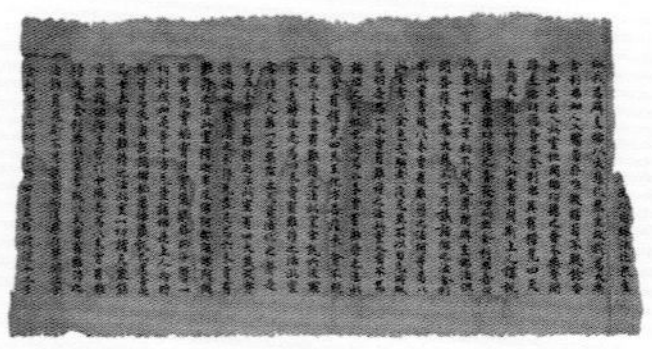

方便以因緣法化衆生
故我爲辟支佛以大悲化衆生故我爲大乘
舍利弗如人入瞻蔔林唯嗅瞻蔔不嗅餘香
香如是若入此室但聞佛功德之香不樂聲聞
辟支佛功德香也舍利弗其有釋梵四天
王諸天龍鬼神等入此室者聞斯上人講說
正法皆樂佛功德之香發心而出舍利弗吾止
此室十有二年初不聞說聲聞辟支佛法但
聞菩薩大慈大悲不可思議諸佛之法舍利
弗此室常現八未曾有難得之法何等爲八
此室常以金色光照晝夜无異不以日光所照
爲明是爲一未曾有難得之法此室入者不爲
諸垢之所惱也是爲二未曾有難得之法此
[illegible]

蜜不退轉法是爲四未曾有難得之法此室
常作天人苐一之樂弦出无量法化之聲是
爲五未曾有難得之法此室有四大藏衆寶
積滿周窮濟乏求得无盡是爲六未曾有
難得之法此室釋迦牟尼佛阿弥陁佛阿閦
佛寶德寶焰寶月寶嚴難勝師子響一
切利成如是等十方无量諸佛是上人念時
即皆爲來廣說諸佛秘要法藏說已還去是
爲七未曾有難得之法此室一切諸天嚴飾
宮殿諸佛淨土皆於中現是爲八未曾有難
得之法舍利弗此室常現八未曾有難得之
法誰有見斯不思議事而復樂於聲聞法乎
舍利弗言汝何以不轉女身天曰我從十二年

BD00387 金剛般若波羅蜜經

（後秦）鳩摩羅什 譯

451cm × 26.5cm

說法如筏
何況非法
須菩提於意云何如來得阿耨多羅三藐三
菩提耶如來有所說法耶須菩提言如我解
佛所說義无有定法名阿耨多羅三藐三菩
提亦无有定法如來可說何以故如來所說
法皆不可取不可說非法非非法所以者何
一切賢聖皆以无為法而有差別
須菩提於意云何若人滿三千大千世界七
寶以用布施是人所得福德寧為多不須菩
提言甚多世尊何以故是福德即非福德性
是故如來說福德多若復有人於此經中受
持乃至四句偈等為他人說其福勝彼何以

即非佛法
須菩提於意云何須陁洹能作是念我得須
陁洹果不須菩提言不也世尊何以故須陁
洹名為入流而无所入不入色聲香味觸法
是名須陁洹須菩提於意云何斯陁含能作
是念我得斯陁含果不須菩提言不也世尊
何以故斯陁含名一往来而實无往来是名
斯陁含須菩提於意云何阿那含能作是念
我得阿那含果不須菩提言不也世尊何以
故阿那含名為不来而實无来是故名阿那
含須菩提於意云何阿羅漢能作是念我得
阿羅漢道不須菩提言不也世尊何以故實
無有法名阿羅漢世尊若阿羅漢作是念我

無有法名阿羅漢世尊若阿羅漢作是念我
得阿羅漢道即為著我人衆生壽者世尊佛
說我得無諍三昧人中最為第一是第一離
欲阿羅漢我不作是念我是離欲阿羅漢世
尊我若作是念我得阿羅漢道世尊則不說
須菩提是樂阿蘭那行者以須菩提實無所
行而名須菩提是樂阿蘭那行
佛告須菩提於意云何如来昔在然燈佛所
於法有所得不世尊如来在然燈佛所於法
實無所得須菩提於意云何菩薩莊嚴佛土
不不也世尊何以故莊嚴佛土者則非莊嚴
是名莊嚴是故須菩提諸菩薩摩訶薩應如
是生清淨心不應住色生心不應住聲香味

須菩提言甚大世尊何以故佛說非身是名
大身
須菩提如恒河中所有沙數如是沙等恒河
於意云何是諸恒河沙寧為多不須菩提言
甚多世尊但諸恒河尚多無數何況其沙須
菩提我今實言告汝若有善男子善女人以
七寶滿尒所恒河沙數三千大千世界以用
布施得福多不須菩提言甚多世尊佛告須
菩提若善男子善女人於此經中乃至受持
四句偈等為他人說而此福德勝前福德復
次須菩提隨說是經乃至四句偈等當知此
處一切世間天人阿脩羅皆應供養如佛塔
廟何況有人盡能受持讀誦須菩提當知是

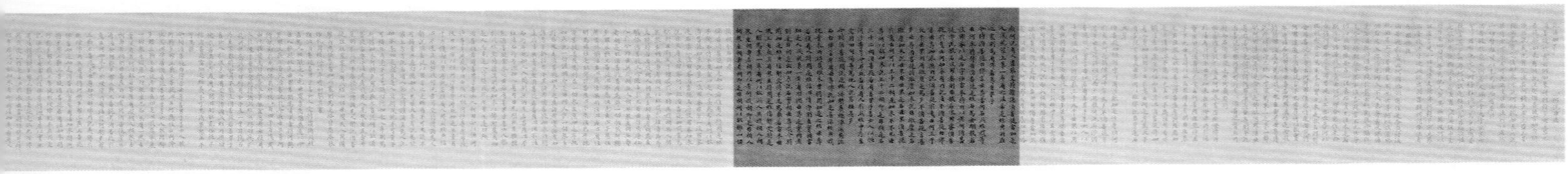

廟何況有人盡能受持讀誦須菩提當知是
人成就最上第一希有之法若是經典所在
之處則為有佛若尊重弟子
尒時須菩提白佛言世尊當何名此經我等
云何奉持佛告須菩提是經名為金剛般若
波羅蜜以是名字汝當奉持所以者何須菩
提佛說般若波羅蜜則非般若波羅蜜須菩
提於意云何如来有所說法不須菩提白佛
言世尊如来無所說須菩提於意云何三千
大千世界所有微塵是為多不須菩提言甚
多世尊須菩提諸微塵如来說非微塵是名
微塵如来說世界非世界是名世界須菩提
於意云何可以三十二相見如来不不也世

河沙等身命布施若復有人於此經中乃至
受持四句偈等為他人說其福甚多
尒時須菩提聞說是經深解義趣涕淚悲泣
而白佛言希有世尊佛說如是甚深經典我
從昔來所得慧眼未曾得聞如是之經世尊
若復有人得聞是經信心清淨則生實相當
知是人成就第一希有功德世尊是實相者
則是非相是故如來說名實相世尊我今得
聞如是經典信解受持不足為難若當來世
後五百歲其有眾生得聞是經信解受持是
人則為第一希有何以故此人無我相人相
眾生相壽者相所以者何我相即是非相人
相眾生相壽者相即是非相何以故離一切

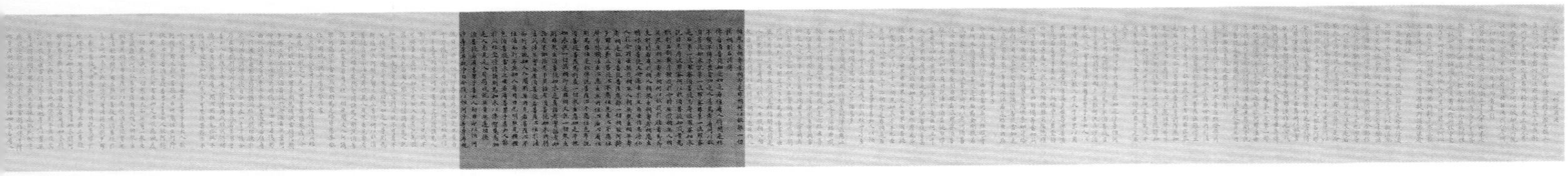

相衆生相壽者相即是非相何以故離一切
諸相則名諸佛
佛告須菩提如是如是若復有人得聞是經
不驚不怖不畏當知是人甚爲希有何以故
須菩提如来說第一波羅蜜非第一波羅蜜
是名第一波羅蜜須菩提忍辱波羅蜜如来
說非忍辱波羅蜜何以故須菩提如我昔爲
歌利王割截身體我於尒時無我相無人相
無衆生相無壽者相何以故我於往昔節節
支解時若有我相人相衆生相壽者相應生
瞋恨須菩提又念過去於五百世作忍辱仙
人於尒所世無我相無人相無衆生相無壽
者相是故須菩提菩薩應離一切相發阿耨

声香味觸法生心應生無所住心若心有住
則為非住是故佛說菩薩心不應住色布施
須菩提菩薩為利益一切衆生應如是布施
如来說一切諸相即是非相又說一切衆生
則非衆生須菩提如来是真語者實語者如
語者不誑語者不異語者須菩提如来所得
法此法無實無虛須菩提若菩薩心住於法
而行布施如人入闇則無所見若菩薩心不
住法而行布施如人有目日光明照見種種
色須菩提當来之世若有善男子善女人能
於此經受持讀誦則為如来以佛智慧悉知
是人悉見是人皆得成就無量無邊功德
須菩提若有善男子善女人初日分以恒河
沙等身布施中日分復以恒河沙等身布施

沙等身布施中日分復以恒河沙等身布施
後日分亦以恒河沙等身布施如是無量百
千万億劫以身布施若復有人聞此經典信
心不逆其福勝彼何况書寫受持讀誦為人
解説須菩提以要言之是經有不可思議不
可稱量無邊功德如来為發大乘者説為發
最上乘者説若有人能受持讀誦廣為人説
如来悉知是人悉見是人皆得成就不可量不
可稱無有邊不可思議功德如是人等則為
荷擔如来阿耨多羅三藐三菩提何以故須
菩提若樂小法者著我見人見衆生見壽者
見則於此經不能聽受讀誦為人解説須菩
提在在處處若有此經一切世間天人阿脩

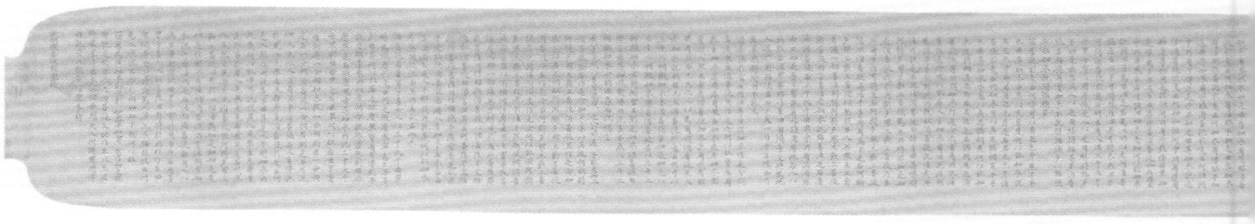

復次須菩提善男子善女人受持讀誦此經
若為人輕賤是人先世罪業應墮惡道以今
世人輕賤故先世罪業則為消滅當得阿耨
多羅三藐三菩提須菩提我念過去無量阿
僧祇劫於然燈佛前得值八百四千万億那
由他諸佛悉皆供養承事無空過者若復有
人於後末世能受持讀誦此經所得功德於
我所供養諸佛功德百分不及一千万億分
乃至算數譬喻所不能及須菩提若善男子
善女人於後末世有受持讀誦此經所得功
德我若具說者或有人聞心則狂亂狐疑不
信須菩提當知是經義不可思議果報亦不
可思議

可思議
尒時須菩提白佛言世尊善男子善女人發
阿耨多羅三藐三菩提心云何應住云何降
伏其心佛告須菩提善男子善女人發阿耨
多羅三藐三菩提者當生如是心我應滅度
一切衆生滅度一切衆生已而無有一衆生
實滅度者何以故若菩薩有我相人相衆生
相壽者相則非菩薩所以者何須菩提實無
有法發阿耨多羅三藐三菩提者須菩提於
意云何如來於然燈佛所有法得阿耨多羅
三藐三菩提〔不也〕不世尊如我解佛所說義佛於
然燈佛所無有法得阿耨多羅三藐三菩提
佛言如是如是須菩提實無有法如來得阿

記汝扵来世當得作佛号釋迦牟尼以實無
有法得阿耨多羅三藐三菩提是故然燈佛
與我受記作是言汝扵来世當得作佛号釋
迦牟尼何以故如来者即諸法如義若有人
言如来得阿耨多羅三藐三菩提須菩提實
無有法佛得阿耨多羅三藐三菩提須菩提如
来所得阿耨多羅三藐三菩提扵是中無實
無虛是故如来說一切法皆是佛法須菩提
所言一切法者即非一切法是故名一切法
須菩提譬如人身長大須菩提言世尊如来
說人身長大則為非大身是名大身須菩提
菩薩亦如是若作是言我當滅度無量衆生
則不名菩薩何以故須菩提無有法名為菩

則不名菩薩何以故須菩提無有法名爲菩
薩是故佛説一切法無我無人無衆生無壽
者須菩提若菩薩作是言我當莊嚴佛土是
不名菩薩何以故如来説莊嚴佛土者即非
莊嚴是名莊嚴須菩提若菩薩通達無我法
者如来説名真是菩薩
須菩提於意云何如来有肉眼不如是世尊
如来有肉眼須菩提於意云何如来有天眼
不如是世尊如来有天眼須菩提於意云何
如来有慧眼不如是世尊如来有慧眼須菩
提於意云何如来有法眼不如是世尊如来
有法眼須菩提於意云何如来有佛眼不如
是世尊如来有佛眼須菩提於意云何恒河

如是等恒河是諸恒河所有沙數佛世界如
是寧為多不甚多世尊佛告須菩提尒所國土
中所有衆生若干種心如来悉知何以故如来
說諸心皆為非心是名為心所以者何須菩
提過去心不可得現在心不可得未来心不
可得須菩提於意云何若有人滿三千大千
世界七寶以用布施是人以是因緣得福多
不如是世尊此人以是因緣得福甚多須菩
提若福德有實如来不說得福德多以福德
無故如来說得福德多
須菩提於意云何佛可以具足色身見不不
也世尊如来不應以色身見何以故如来說
具足色身即非具足色身是名具足色身須

具足色身即非具足色身是名具足色身須
菩提於意云何如来可以具足諸相見不不
也世尊如来不應以具足諸相見何以故如
来說諸相具足即非具足是名諸相具足須
菩提汝等勿謂如来作是念我當有所說法
莫作是念何以故若人言如来有所說法則
為謗佛不能解我所說故須菩提說法者無
法可說是名說法須菩提白佛言世尊佛得
阿耨多羅三藐三菩提為無所得耶如是如
是須菩提我於阿耨多羅三藐三菩提乃至
無有少法可得是名阿耨多羅三藐三菩提
復次須菩提是法平等無有高下是名阿耨
多羅三藐三菩提以無我無人無衆生無壽
者脩一切善法則得阿耨[illegible]

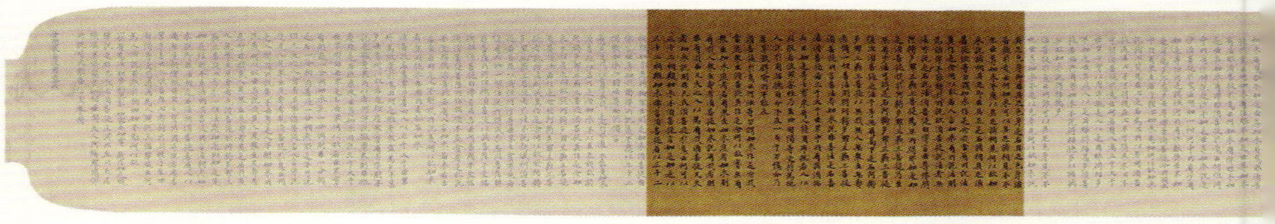

法須菩提若三千大千世界中所有諸須弥
山王如是等七寶聚有人持用布施若人以
此般若波羅蜜経乃至四句偈等受持為他
人說於前福德百分不及一百千万億分乃
至筭數譬喻所不能及
須菩提於意云何汝等勿謂如来作是念我
當度衆生須菩提莫作是念何以故實無有
衆生如来度者若有衆生如来度者如来則
有我人衆生壽者須菩提如来說有我者則
非有我而凡夫之人以為有我須菩提凡夫
者如来說則非凡夫須菩提於意云何可以
三十二相觀如来不須菩提言如是如是以
三十二相觀如来佛言須菩提若以三十二

三十二相觀如来佛言須菩提若以三十二
相觀如来者轉輪聖王則是如来須菩提白
佛言世尊如我解佛所説義不應以三十二
相觀如来尒時世尊而説偈言
若以色見我　以音聲求我　是人行邪道　不能見如来
須菩提汝若作是念如来不以具足相故得
阿耨多羅三藐三菩提須菩提莫作是念如
来不以具足相故得阿耨多羅三藐三菩提
須菩提汝若作是念發阿耨多羅三藐三菩
提者説諸法斷滅莫作是念何以故發阿耨
多羅三藐三菩提者於法不説斷滅相須菩
提若菩薩以滿恒河沙等世界七寶布施若
復有人知一切法無我得成於忍此菩薩勝

德須菩提菩薩所作福德不應貪著是故說
不受福德須菩提若有人言如来若来若去
若坐若卧是人不解我所說義何以故如来
者無所從来亦無所去故名如来
須菩提若善男子善女人以三千大千世界
碎爲微塵於意云何是微塵衆寧爲多不甚
多世尊何以故若是微塵衆實有者佛則不
說是微塵衆所以者何佛說微塵衆則非微
塵衆是名微塵衆世尊如来所說三千大千
世界則非世界是名世界何以故若世界實
有則是一合相如来說一合相則非一合相
是名一合相須菩提一合相者則是不可說
但凡夫之人貪著其事須菩提若人言佛說

但凡夫之人貪著其事須菩提若人言佛說
我見人見衆生見壽者見須菩提於意云何
是人解我所說義不世尊是人不解如来所
說義何以故世尊說我見人見衆生見壽者
見即非我見人見衆生見壽者見是名我見
人見衆生見壽者見須菩提發阿耨多羅三
藐三菩提心者於一切法應如是知如是見
如是信解不生法相須菩提所言法相者如
来說即非法相是名法相須菩提若有人以
滿無量阿僧祇世界七寶持用布施若有善
男子善女人發菩薩心者持於此經乃至四
句偈等受持讀誦為人演說其福勝彼云何
為人演說不取於相如如不動何以故
一切有為法如夢幻泡影如露亦如電應作如是觀

優婆塞優婆夷一切世間天人阿脩羅聞佛
所說皆大歡喜信受奉持

金剛般若波羅蜜經

BD00388A

金剛般若波羅蜜經

（後秦）鳩摩羅什 譯

145cm × 24.4cm

然燈佛與我受記作是言汝於來世當得作
佛号釋迦牟尼何以故如來者即諸法如義
若有人言如來得阿耨多羅三藐三菩提須
菩提實无有法佛得阿耨多羅三藐三菩提
須菩提如來所得阿耨多羅三藐三菩提於
是中无實无虛是故如來說一切法皆是佛
法須菩提所言一切法者即非一切法是故
名一切法須菩提譬如人身長大須菩提言
世尊如來說人身長大則為非大身是名大
身須菩提菩薩亦如是若作是言我當滅度
无量衆生則不名菩薩何以故須菩提實无
有法名為菩薩是故佛說一切法无我无人
无衆生无壽者須菩提若菩薩作是言我當

通達无我法者如來說名真是菩薩
須菩提於意云何如來有肉眼不如是世尊
如來有肉眼須菩提於意云何如來有天眼
不如是世尊如來有天眼須菩提於意云何
如來有慧眼不如是世尊如來有慧眼須菩
提於意云何如來有法眼不如是世尊如來
有法眼須菩提於意云何如來有佛眼不如
是世尊如來有佛眼須菩提於意云何恒河
中所有沙佛說是沙不如是世尊如來說是
沙須菩提於意云何如一恒河中所有沙有
如是等恒河是諸恒河所有沙數佛世界如
是寧為多不甚多世尊佛告須菩提尒所國
土中所有衆生若干種心如來悉知何以故
如來說諸心皆為非心是名為心所以者何

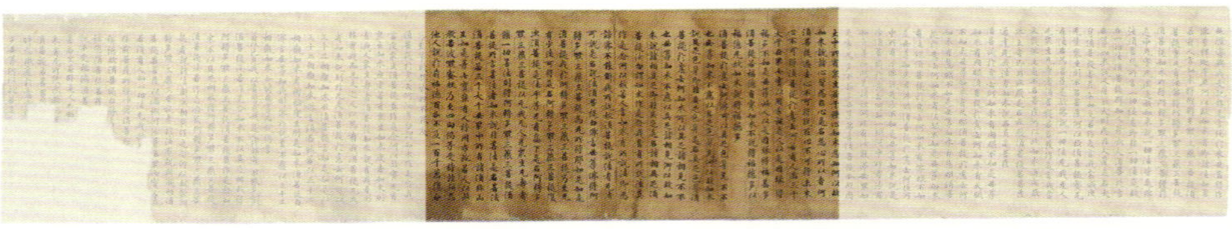

土中所有衆生若干種心如來悉知何以故
如來說諸心皆為非心是名為心所以者何
須菩提過去心不可得現在心不可得未來
心不可得須菩提於意云何若有人滿三千
大千世界七寶以用布施是人以是因緣得
福多不如是世尊此人以是因緣得福甚多
須菩提若福德有實如來不說得福德多以
福德无故如來說得福德多
須菩提於意云何佛可以具足色身見不不
也世尊如來不應以具足色身見何以故如來
說具足色身即非具足色身是名具足色身須
菩提於意云何如來可以具足諸相見不不
也世尊如來不應以具足諸相見何以故如
來說諸相具足即非具足是名諸相具足須
提汝勿謂如來作是念我當有所說法莫

謗佛不能解我所說故須菩提說法者无法
可說是名說法須菩提白佛言世尊佛得阿
耨多羅三藐三菩提為无所得耶如是如是
須菩提我於阿耨多羅三藐三菩提乃至无
有少法可得是名阿耨多羅三藐三菩提復
次須菩提是法平等无有高下是名阿耨多
羅三藐三菩提以无我无人无衆生无壽者
脩一切善法則得阿耨多羅三藐三菩提須
菩提所言善法者如來說非善法是名善法
須菩提若三千大千世界中所有諸須弥山
王如是等七寶聚有人持用布施若人以此
般若波羅蜜經乃至四句偈等受持讀誦為
他人說於前福德百分不及一百千萬億分
乃至筭數譬喻所不能及

他人說於前福德百分不及一百千萬億分
乃至筭數譬喻所不能及
須菩提於意云何汝等勿謂如来作是念我
當度衆生須菩提莫作是念何以故實无有
衆生如来度者若有衆生如来度者如来則
有我人衆生壽者須菩提如来說有我者則
非有我而凡夫之人以為有我須菩提凡夫
者如来說則非凡夫須菩提於意云何可以
三十二相觀如来不須菩提言如是如是以
三十二相觀如来佛言須菩提若以三十二
相觀如来者轉輪聖王則是如来須菩提白
佛言世尊如我解佛所說義不應以三十二
相觀如来尔時世尊而說偈言
若以色見我　以音聲求我　是人行邪道　不能見如来

來不以具足相故得阿耨多羅三藐三菩提
須菩提汝若作是念發阿耨多羅三藐三菩
提者說諸法斷滅相莫作是念何以故發阿
耨多羅三藐三菩提者於法不說斷滅相須
菩提若菩薩以滿恒河沙等世界七寶布施
若復有人知一切法无我得
勝前菩薩所得功德須菩提
福德故須菩提白佛言
福德須菩提菩薩
說不受福德須菩
去若坐若卧是人不解
來者无所從來亦
須菩提若善男
碎為微塵於意

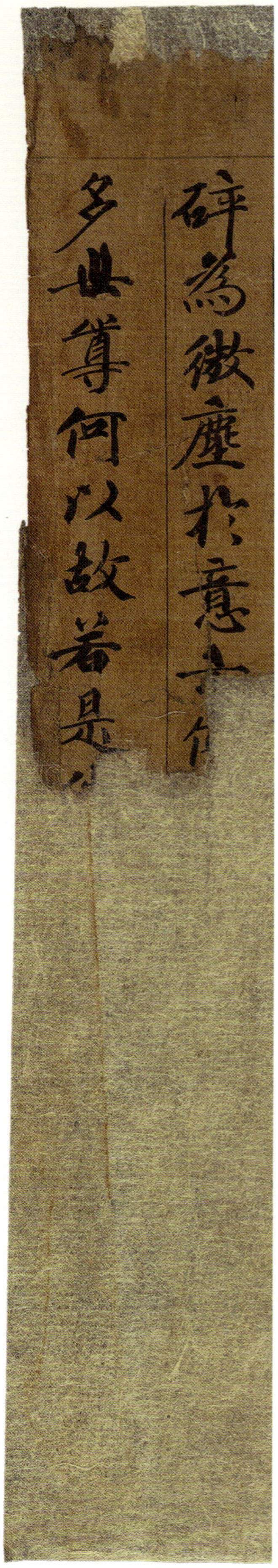

碎為微塵於意云
多世尊何以故若是

BD00388B 妙法蓮華經卷五

（後秦）鳩摩羅什 譯

132.5cm × 25.1cm

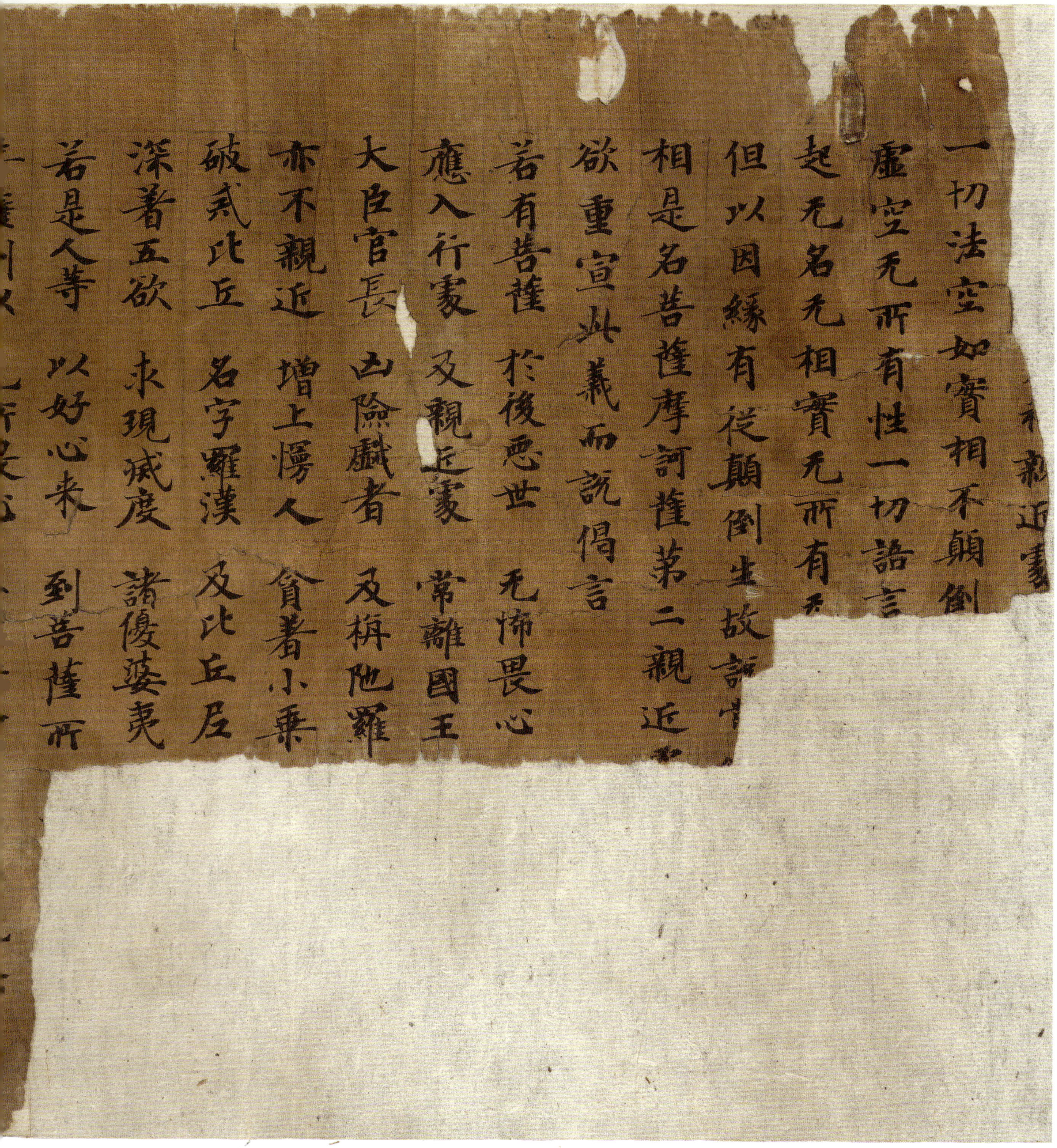
初親近處
一切法空如實相不顛倒
虛空无所有性一切語言
起无名无相實无所有
但以因緣有從顛倒生故說常
相是名菩薩摩訶薩第二親近處
欲重宣此義而說偈言
若有菩薩　於後惡世　无怖畏心
應入行處　及親近處　常離國王
大臣官長　凶險戲者　及旃陀羅
亦不親近　增上慢人　貪著小乘
破戒比丘　名字羅漢　及比丘尼
深著五欲　求現滅度　諸優婆夷
若是人等　以好心來　到菩薩所
薩則以　所畏心

亦莫親近 屠兒魁膾 田獦魚捕 □利煞害
販肉自活 衒賣女色 如是之人 □勿親近
凶險相撲 種種嬉戲 諸婬女等 盡勿親近
莫獨屏處 為女說法 若說法時 无得戲笑
入里乞食 將一比丘 若无比丘 一心念佛
是則名為 行處近處 以此二處 能安樂說
又復不行 上中下法 有為无為 實不實法
亦不分別 是男是女 不得諸法 不知不見
是則名為 菩薩行處 一切諸法 空无所有
无有常住 亦无起滅 是名智者 □親近處
顛倒分別 諸法有无 是實非實 是生非生
在於閑處 脩攝其心 安住不動 如須彌山
觀一切法 皆无所有 猶如虛空 无有堅固
不生不出 不動不退 常住一相 是名近處

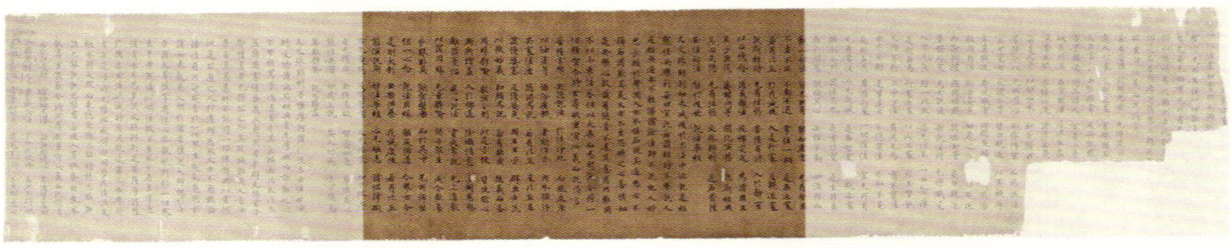

觀一切法　皆无所有　猶如虛空　无有堅固
不生不出　不動不退　常住一相　是名近處
若有比丘　於我滅後　入是行處　及親近處
說斯經時　无有怯弱　菩薩有時　入於靜室
以正憶念　隨義觀法　從禪定起　為諸國王
王子臣民　婆羅門等　開化演暢　說斯經典
其心安隱　无有怯弱　文殊師利　是名菩薩
安住初法　能於後世　說法華經
又文殊師利如來滅後於末法中欲說是經
應住安樂行若口宣說若讀經時不樂說人
及經典過亦不輕慢諸餘法師不說他人好
惡長短於聲聞人亦不稱名說其過惡亦不
稱名讚歎其美又亦不生怨嫌之心善脩如
是安樂心故諸有聽者不逆其意有所難問

菩薩常樂　安隱說法　於清淨地　而施床座
以油塗身　澡浴塵穢　著新淨衣　內外俱淨
安處法座　隨問為說　若有比丘　及比丘尼
諸優婆塞　及優婆夷　國王王子　群臣士民
以微妙義　和顏為說　若有難問　隨義而答
因緣譬喻　敷演分別　以是方便　皆使發心
漸漸增益　入於佛道　除嬾惰意　及懈怠想
離諸憂惱　慈心說法　晝夜常說　无上道教
以諸因緣　无量譬喻　開示眾生　咸令歡喜
衣服臥具　飲食醫藥　而於其中　无所悕望
但一心念　說法因緣　願成佛道　令眾亦尒
是則大利　安樂供養　我滅度後　若有比丘
能演說斯　妙法華經　心无嫉恚　諸惱障礙
亦无憂愁　及罵詈者　又无怖畏　加刀杖等

是則大利 安樂供養 我滅度後 若有比丘
能演說斯 妙法華經 心无嫉恚 諸惱障礙
亦无憂愁 及罵詈者 又无怖畏 加刀杖等
亦无擯出 安住忍故 智者如是 善脩其心
能住安樂 如我上說 其人功德 千万億劫
筭數譬喻 說不能盡
又文殊師利菩薩摩訶薩於後末世法欲滅
時受持讀誦斯經典者无懷嫉妬諂誑之心
亦勿輕罵學佛道者求其長短若比丘比丘
尼優婆塞優婆夷求聲聞者求辟支佛者求
菩薩道者无得惱之令其疑悔語其人言汝
等去道甚遠終不能得一切種智所以者何
汝是放逸之人於道懈怠故又亦不應戲論
諸法有所諍競當於一切衆生起大悲想於

生平等說法以順法故不多不少乃至深愛
法者亦不為多說文殊師利是菩薩摩訶薩
於後末世法欲滅時有成就是第三安樂行
者說是法時无能惱亂得好同學共讀誦是
經亦得大衆而來聽受聽已能持持已能誦
誦已能說說已能書若使人書供養經卷恭
敬尊重讚歎尒時世尊欲重宣此義而說偈言
若欲說是經　當捨嫉恚慢　諂誑耶偽心　常脩質直行
不輕蔑於人　亦不戲論法　不令他疑悔　云汝不得佛
是佛子說法　常柔和能忍　慈悲於一切　不生懈怠心

BD00389　無量壽宗要經（甲本）

BD00389v　寺院題名

215cm × 29cm

大乘无量壽宗要经
如是我聞一時薄伽梵在舍衛國祇樹給孤獨園與大苾芻僧千二百五十人大
菩薩摩訶薩衆俱同會尒時世尊告曼殊室利童子曼殊上方有世界名无量
功德聚彼土有佛号无量智決定王如來阿耨多羅三藐三菩提現為衆生開示
説法曼殊諦聽南閻浮提人皆短壽大限百年於中夭枉横死者衆曼殊如是
无量壽如來功德名稱法要若有衆生得聞名号若自書或使人書能為経卷受
持讀誦若於舍宅所住之處以種種花鬘瓔珞塗香而為供養如其命盡復得
延年滿足百歲如是曼殊若有衆生得聞是无量壽智決定王如來一百八名
号者益其長壽若有衆生大命將盡憶念是如來名号更得增壽如是曼殊若
有善男子善女人欲求長壽於是无量壽如來一百八名号有得聞者或自書若
使人書受持讀誦得如是等果報福德具足陁羅尼曰
南謨薄伽勃底一 阿波唎蜜多二 阿喻紇硯那三 須毗你失者陁四 囉佐耶五 怛他羯他耶六

南謨薄伽勃底一 阿波唎蜜哆二 阿喻紇硯娜三 須毗你遅指陁四 囉佐耶五 怛他羯他耶六
怛姪他唵七 薩婆桑悉迦囉八 波唎輸底九 達磨底十 伽迦娜十一 莎訶其特迦底十二
薩婆婆毗輸底十三 摩訶娜耶十四 波唎婆蘇莎訶十五
世尊復告曼殊室利如是如來一百八名号若有自書或使人書爲経卷受持讀
誦如壽命盡復滿百年壽終此身後得往生无量福智世界無量壽淨土陁羅尼日
南謨薄伽勃底一 阿波唎蜜哆二 阿喻紇硯娜三 須毗你遅指陁四 囉佐耶五 怛他羯他耶六
怛姪他唵七 薩婆桑悉迦囉八 波唎輸底九 達磨底十 伽迦娜十一 莎訶其特迦底十二
薩婆婆毗輸底十三 摩訶娜耶十四 波唎婆蘇莎訶十五
尒時有九十九殑佛等一時同聲説是无量壽宗要経陁羅尼日
南謨薄伽勃底一 阿波唎蜜哆二 阿喻紇硯娜三 須毗你遅指陁四 囉佐耶五 怛他羯他耶六
怛姪他唵七 薩婆桑悉迦囉八 鉢唎輸底九 達磨底十 伽迦娜十一 莎訶其特迦底十二
莎婆婆毗輸底十三 摩訶娜耶十四 波唎婆蘇莎訶十五
尒時復有一百四殑佛一時同聲説是无量壽宗要経陁羅尼日
南謨薄伽勃底一 阿波唎蜜哆二 阿喻紇硯娜三 須毗你遅指陁四 囉佐耶五 怛他羯他耶六
怛姪他唵七 薩婆桑悉迦囉八 波唎輸底九 達磨底十 伽迦娜十一 莎訶其特迦底十二
薩婆婆毗輸底十三 摩訶娜耶十四 波唎婆蘇莎訶十五

薩婆娑毗輸底十三摩訶娜耶十四波唎婆羅莎訶十五
尒時復有七殑伽佛一時同聲說是无量壽宗要經陁羅尼曰
南謨薄伽勃底一阿波唎蜜哆二阿喻紇硯娜三須毗你悉指陁四囉佐耶五怛他羯他耶六
怛姪他唵七薩婆桒悉迦囉八波唎輸底九達磨底十伽迦娜十一莎訶某特迦底十二
薩婆娑毗輸底十三摩訶娜耶十四波唎婆羅莎訶
尒時復有六十五殑伽佛一時同聲說是无量壽宗要經陁羅尼曰
南謨薄伽勃底一阿波唎蜜哆二阿喻紇硯娜三須毗你悉指陁四囉佐耶五怛他羯他耶六
怛姪他唵七薩婆桒悉迦囉八波唎輸底九達磨底十伽迦娜十一莎訶某特迦底十二
薩婆娑毗輸底十三摩訶娜耶十四波唎婆羅莎訶十五
尒時復有五十五殑伽佛一時同聲說是无量壽宗要經陁羅尼曰
南謨薄伽勃底一阿波唎蜜哆二阿喻紇硯娜三須毗你悉指陁四囉佐耶五怛他羯他耶六
怛姪他唵七薩婆桒悉迦囉八波唎輸底九達磨底十伽迦娜十一莎訶某特迦底十二
薩婆娑毗輸底十三摩訶娜耶十四波唎婆羅莎訶十五
尒時復有四十五殑伽佛一時同聲說是无量壽宗要經陁羅尼曰
南謨薄伽勃底一阿波唎蜜哆二阿喻紇硯娜三須毗你悉指陁四囉佐耶五怛他羯他耶六
怛姪他唵七薩婆桒悉迦囉八波唎輸底九達磨底十伽迦娜十一莎訶某特迦底十二

怛姪他唵七 薩婆桒悉迦囉八 波唎輸底九 達磨底十 伽迦娜十一 莎訶其栘迦底

薩婆婆毗輸底十三 摩訶娜耶十四 波唎婆嚟莎訶十五

尒時復有三十五殑伽佛一時同聲說是无量壽宗要經陁羅尼曰

南謨薄伽勃底一 阿波唎蜜多二 阿喻紇硯娜三 須毗你悉指陁四 囉佐耶五 怛他羯他耶六

怛姪他唵七 薩婆桒悉迦囉八 波唎輸底九 達磨底十 伽迦娜十一 莎訶其栘迦底十二

薩婆婆毗輸底十三 摩訶娜耶十四 波唎婆嚟莎訶十五

尒時復有二十五殑伽佛一時同聲說是无量壽宗要經陁羅尼曰

南謨薄伽勃底一 阿波唎蜜多二 阿喻紇硯娜三 須毗你悉指陁四 囉佐耶五 怛他羯他耶六

怛姪他唵七 薩婆桒悉迦囉八 波唎輸底九 達磨底十 伽迦娜十一 莎訶其栘迦底十二

薩婆婆毗輸底十三 摩訶娜耶十四 波唎婆嚟莎訶十五

尒時復有恒河沙殑伽佛一時同聲說是无量壽宗要經陁羅尼曰

南謨薄伽勃底一 阿波唎蜜多二 阿喻紇硯娜三 須毗你悉指陁四 囉佐耶五 怛他羯他耶六

怛姪他唵七 薩婆桒悉迦囉八 波唎輸底九 達磨底十 伽迦娜十一 莎訶其栘迦底十二

薩婆婆毗輸底十三 摩訶娜耶十四 波唎婆嚟莎訶十五

善男子若有自書寫教人書寫是无量壽宗要經如其命盡復得長壽而滿年

陁羅尼曰 南謨薄伽勃底一 阿波唎蜜多二 阿喻紇硯娜三 須毗你悉指陁四 囉佐耶五

陁羅尼曰 南謨薄伽勃底一 阿波唎蜜多二 阿喻紇硯娜三 須毗你悉指陁四 囉佐耶五
怛他羯他耶六 怛姪他唵七 薩婆桑悉迦囉八 波唎輸底九 達磨底十 伽迦娜十一
莎訶其持迦底十二 薩婆婆毗輸底十三 摩訶娜耶十四 波唎婆囉莎訶十五
若有自書寫教人書寫是无量壽宗要經讀誦受持畢竟不墮地獄在在
所生得宿命智陁羅尼曰
南謨薄伽勃底一 阿波唎蜜多二 阿喻紇硯娜三 須毗你悉指陁四 囉佐耶五 怛他羯他耶六
怛姪他唵七 薩婆桑悉迦囉八 波唎輸底九 達磨底十 伽迦娜十一 莎訶其持迦底十二
薩婆婆毗輸底十三 摩訶娜耶十四 波唎婆囉莎訶十五
若有自書寫教人書寫是无量壽宗要經受持讀誦如同書寫八万四千一切經典陁羅尼曰
南謨薄伽勃底一 阿波唎蜜多二 阿喻紇硯娜三 須毗你悉指陁四 囉佐耶五 怛他羯他耶六
怛姪他唵七 薩婆桑悉迦囉八 波唎輸底九 達磨底十 伽迦娜十一 莎訶其持迦底十二
薩婆婆毗輸底十三 摩訶娜耶十四 波唎婆囉莎訶十五
若有自書寫教人書寫是无量壽宗要經即是書寫八万四千部建立塔廟陁羅尼曰
南謨薄伽勃底一 阿波唎蜜多二 阿喻紇硯娜三 須毗你悉指陁四 囉佐耶五 怛他羯他耶六
怛姪他唵七 薩婆桑悉迦囉八 波唎輸底九 達磨底十 伽迦娜十一 莎訶其持迦底十二
薩婆婆毗輸底十三 摩訶娜耶十四 波唎婆囉莎訶十五

薩婆娑毗輸底十三 摩訶娜耶十四 波唎婆婆囉莎訶十五
若有自書寫教人書是无量壽宗要經能消五无間等一切重罪陁羅尼曰
南謨薄伽勃底一 阿波唎蜜哆二 阿喻紇硯娜三 須毗你悉指陁四 囉佐耶五 怛他羯他耶六
怛姪他唵七 薩婆桒悉迦囉八 波唎輸底九 達磨底十 伽迦娜十一 莎訶其持迦底十二
薩婆娑毗輸底十三 摩訶娜耶十四 波唎婆婆囉莎訶十五
若有自書寫教人書寫是无量壽宗要經受持讀誦設有重罪猶如須弥盡能除滅
陁羅尼曰 南謨薄伽勃底一 阿波唎蜜哆二 阿喻紇硯娜三 須毗你悉指陁四 囉佐耶五
怛他羯他耶六 怛姪他唵七 薩婆桒悉迦囉八 波唎輸底九 達磨底十 伽迦娜十一
莎訶其持迦底十二 薩婆娑毗輸底十三 摩訶娜耶十四 波唎婆婆囉莎訶十五
若有自書寫教人書寫是无量壽宗要經受持讀誦者魔王之眷屬夜叉羅剎不得
其便終无枉死陁羅尼曰
南謨薄伽勃底一 阿波唎蜜哆二 阿喻紇硯娜三 須毗你悉指陁四 囉佐耶五 怛他羯他耶六
怛姪他唵七 薩婆桒悉迦囉八 波唎輸底九 達磨底十 伽迦娜十一 莎訶其持迦底十二
薩婆娑毗輸底十三 摩訶娜耶十四 波唎婆婆囉莎訶十五
若有自書教人書寫是无量壽宗要經受持讀誦當命終時有九十九俱胝佛現
其人前爲千佛授手能遊一切佛剎莫於此經生於疑惑陁羅尼曰

其人前苐千佛授手能遊一切佛剎莫於此經生於疑惑陀羅尼曰
南謨薄伽勃底一 阿波唎蜜哆二 阿喻紇硯娜三 須毗你悉指陀四 囉佐耶五 怛他羯他耶六
怛姪他唵七 薩婆桑悉迦囉八 波唎輸底九 達磨底十 伽迦娜十一 莎訶其特迦底十二
薩婆婆毗輸底十三 摩訶娜耶十四 波唎婆囇莎訶十五
若有自書寫教人書寫是无量壽宗要經受持讀誦當得四天王隨其衛護陀羅
尼曰　南謨薄伽勃底一 阿波唎蜜哆二 阿喻紇硯娜三 須毗你悉指陀四 囉佐耶五
怛他羯他耶六 怛姪他唵七 薩婆桑悉迦囉八 波唎輸底九 達磨底十 伽迦娜十一
莎訶其特迦底十三 摩訶娜耶十四 波唎婆囇莎訶十五
若有自書寫教人書寫是无量壽宗要經受持讀誦當得往生西方極樂世界阿弥
陀淨土陀羅尼曰　南謨薄伽勃底一 阿波唎蜜哆二 阿喻紇硯娜三 須毗你悉指陀四
囉佐耶五 怛他羯他耶六 怛姪他唵七 薩婆桑悉迦囉八 波唎輸底九 達磨底十 伽迦娜十一
莎訶其特迦底十二 薩婆婆毗輸底十三 摩訶娜耶十四 波唎婆囇莎訶十五
若有方所自書寫使人書寫是无量壽經典之處則為是塔皆應恭敬作礼若
畜生或鳥獸得聞是經如是等類皆當不久得成一切種智陀羅尼曰
南謨薄伽勃底一 阿波唎蜜哆二 阿喻紇硯娜三 須毗你悉指陀四 囉佐耶五 怛他羯他耶六
怛姪他唵七 薩婆桑悉迦囉八 波唎輸底九 達磨底十 伽迦娜十一 莎訶其特迦底十二

怛姪他唵七　薩婆桑悉迦囉八　波唎輸底九　達磨底十　伽迦娜十一　莎訶其特迦底十二

薩婆婆毗輸底十三　摩訶娜耶十四　波唎婆𠼓莎訶十五

若有於是无量壽經自書寫若使人書畢竟不受女人之身陁羅尼曰

南謨薄伽勃底一　阿波唎蜜哆二　阿喻紇硯娜三　須毗你悉指陁四　囉佐耶五　怛他羯他耶六

怛姪他唵七　薩婆桑悉迦囉八　波唎輸底九　達磨底九　伽迦娜十一　莎訶其特迦底十二

薩婆婆毗輸底十三　摩訶娜耶十四　波唎婆𠼓莎訶十五

若有能於是經少分能惠施者等於三千大千世界滿中七寶布施陁羅尼曰

南謨薄伽勃底一　阿波唎蜜哆二　阿喻紇硯娜三　須毗你悉指陁四　囉佐耶五　怛他羯他耶六

怛姪他唵七　薩婆桑悉迦囉八　波唎輸底九　達磨底十　伽迦娜十一　莎訶其特迦底十二

薩婆婆毗輸底十三　摩訶娜耶十四　波唎婆𠼓莎訶十五

若有能供養是經者則是供養一切諸經等无有異陁羅尼曰

南謨薄伽勃底一　阿波唎蜜哆二　阿喻紇硯娜三　須毗你悉指陁四　囉佐耶五　怛他羯他耶六

怛姪他唵七　薩婆桑悉迦囉八　波唎輸底九　達磨底十　伽迦娜十四　莎訶其特迦底十二

薩婆婆毗輸底十三　摩訶娜耶十四　波唎婆𠼓莎訶十五

如是毗婆尸佛尸弃佛毗舍浮佛俱留孫佛俱那含牟尼佛迦葉佛釋迦牟

尼佛若有人以七寶供養如是七佛其福有限書寫受持是无量壽經典

尼佛若有人以七寶供養如是七佛其福有限書寫受持是无量壽經典，
所有功德不可限量陁羅尼曰
南謨薄伽勃底一 阿波唎蜜哆二 阿喻紇硯娜三 須毗你失楮陁四 囉佐耶五 怛他羯他耶六
怛姪他唵七 薩婆桑悉迦囉八 波唎輸底九 達磨底十 伽迦娜十一 莎訶某持迦底十二
薩婆婆毗輸底十三 摩訶娜耶十四 波唎婆婆莎訶十五
若有七寶等積須弥以用布施其福上能知其限量是无量壽經典其福不可知數陁羅
尼曰　南謨薄伽勃底一 阿波唎蜜哆二 阿喻紇硯娜三 須毗你失楮陁四 囉佐耶五
怛他羯他耶六 怛姪他唵七 薩婆桑悉迦囉八 波唎輸底九 達磨底十 伽迦娜十一
莎訶某持迦底十二 薩婆婆毗輸底十三 摩訶娜耶十四 波唎婆婆莎訶十五
如是四大海水可知滴數是无量壽經典所生果報不可數量陁羅尼曰
南謨薄伽勃底一 阿波唎蜜哆二 阿喻紇硯娜三 須毗你失楮陁四 囉佐耶五 怛他羯他耶六
怛姪他唵七 薩婆桑悉迦囉八 波唎輸底九 達磨底十 伽迦娜十一 莎訶某持迦底十二
薩婆婆毗輸底十三 摩訶娜耶十四 波唎婆婆莎訶十五
若有自書使人書寫是无量壽經典又能護持供養即如恭敬供養一切十方
佛土如來无有別異陁羅尼曰
南謨薄伽勃底一 阿波唎蜜哆二 阿喻紇硯娜三 須毗你失楮陁四 囉佐耶五 怛他羯他耶六

南謨薄伽勃底一 阿波唎蜜哆二 阿喻紇硯娜三 須毗你悉指陀四 囉佐耶五 怛他羯他耶六

怛姪他唵七 薩婆桑悉迦囉八 波唎輸底九 達磨底十 伽迦娜十一 莎訶某特迦底十二

薩婆婆毗輸底十三 摩訶娜耶十四 波唎婆囉莎訶十五

布施力能成正覺　悟布施力人師子　布施力能聲普聞　慈悲階漸最能入

持戒力能成正覺　悟持戒力人師子　持戒力能聲普聞　慈悲階漸最能入

忍辱力能成正覺　悟忍辱力人師子　忍辱力能聲普聞　慈悲階漸最能入

精進力能成正覺　悟精進力人師子　精進力能聲普聞　慈悲階漸最能入

禪定力能成正覺　悟禪定力人師子　禪定力能聲普聞　慈悲階漸最能入

智慧力能成正覺　悟智慧力人師子　智慧力能聲普聞　慈悲階漸最能入

尒時如來說是經已，一切世間天人阿脩羅揵闥婆等聞佛所說，皆大

歡喜，信受奉行。

佛說无量壽宗要經

張吉友寫

BD00389v　寺院題名

BD00390

金剛般若波羅蜜經

（後秦）鳩摩羅什 譯

135.5cm × 25cm

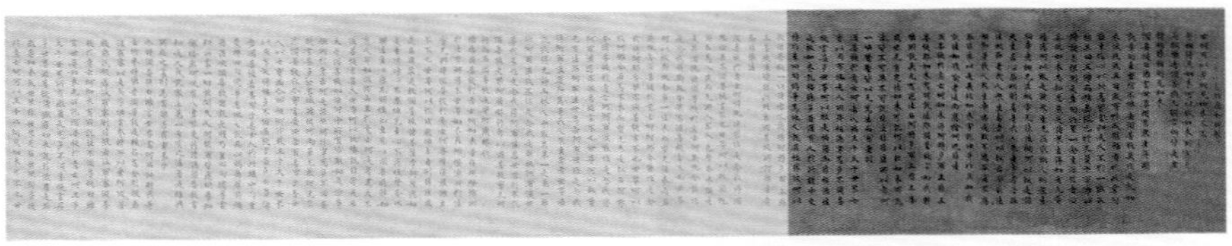

薩但應如所教住
云何可以身相見如來不不
身相得見如來何以故如來所說身
身相佛告須菩提凡所有相皆是虛
諸相非相則見如來
須菩提白佛言世尊頗有衆生得聞
說章句生實信不佛告須菩提莫作是說如
來滅後後五百歲有持戒脩福者於此章句
能生信心以此爲實當知是人不於一佛二
佛三四五佛而種善根已於无量千万佛所
種諸善根聞是章句乃至一念生淨信者須
菩提如來悉知悉見是諸衆生得如是无量
福德何以故是諸衆生无復我相人相衆生
相壽者相无法相亦无非法相何以故是諸

相即着我人衆生壽者是故不應取法不應
取非法以是義故如來常說汝等比丘知我
說法如栰喻者法尚應捨何況非法
須菩提於意云何如來得阿耨多羅三藐三
菩提耶如來有所說法耶須菩提言如我解
佛所說義无有定法名阿耨多羅三藐三菩
提亦无有定法如來可說何以故如來所說
法皆不可取不可說非法非非法所以者何
一切賢聖皆以无爲法而有差別
須菩提於意云何若人滿三千大千世界七
寶以用布施是人所得福德寧爲多不須菩
提言甚多世尊何以故是福德即非福德性
是故如來說福德多若復有人於此經中受
持乃至四句偈等爲他人說其福勝彼何以

持乃至四句偈等爲他人説其福勝彼何以
故須菩提一切諸佛及諸佛阿耨多羅三藐
三菩提法皆從此經出須菩提所謂佛法者
即非佛法
須菩提於意云何須陁洹能作是念我得須
陁洹果不須菩提言不也世尊何以故須陁
洹名爲入流而无所入不入色聲香味觸法
是名須陁洹須菩提於意云何斯陁含能作
是念我得斯陁含果不須菩提言不也世尊
何以故斯陁含名一往來而實无往來是名
斯陁含須菩提於意云何阿那含能作是念
我得阿那含果不須菩提言不也世尊何以
故阿那含名爲不來而實无來是故名阿那
含須菩提於意云何阿羅漢能作是念我得

得阿羅漢道即爲著我人衆生壽者世尊佛
說我得无諍三昧人中最爲第一是第一離
欲阿羅漢我不作是念我是離欲阿羅漢世
尊我若作是念我得阿羅漢道世尊則不說
須菩提是樂阿蘭那行者以須菩提實无所
行而名須菩提是樂阿蘭那行
佛告須菩提於意云何如來昔在燃燈佛所
於法有所得不世尊如來在燃燈佛所於法
實无所得須菩提於意云何菩薩莊嚴佛土
不不也世尊何以故莊嚴佛土者則非莊嚴
是名莊嚴是故須菩提諸菩薩摩訶薩應如
是生清淨心不應住色生心不應住聲香味
觸法生心應无所住而生其心須菩提譬如
有人身如須弥山王於意云何是身爲大不

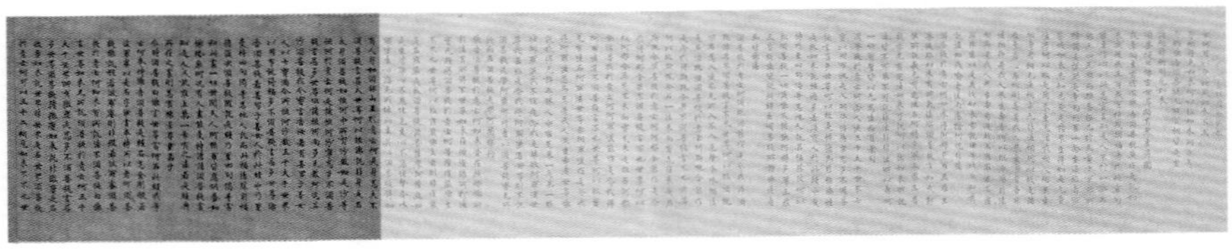

有人身如須彌山王於意云何是身爲大不
須菩提言甚大世尊何以故佛說非身是名
大身須菩提如恒河中所有沙數如是沙等
恒河於意云何是諸恒河沙寧爲多不須菩
提言甚多世尊但諸恒河尚多无數何況其
沙須菩提我今實言告汝若有善男子善女
人以七寶滿尒所恒河沙數三千大千世界
以用布施得福多不須菩提言甚多世尊佛
告須菩提若善男子善女人於此經中乃至
受持四句偈等爲他人說而此福德勝前福
德復次須菩提隨說是經乃至四句偈等當
知此處一切世間天人阿脩羅皆應供養如
佛塔廟何況有人盡能受持讀誦須菩提當
知是人成就最上第一希有之法若是經典

云何奉持佛告須菩提是經名爲金剛般若
波羅蜜以是名字汝當奉持所以者何須菩
提佛說般若波羅蜜則非般若波羅蜜須菩
提於意云何如来有所說法不須菩提白佛
言世尊如来无所說須菩提於意云何三千
大千世界所有微塵是爲多不須菩提言甚
多世尊須菩提諸微塵如来說非微塵是名
微塵如来說世界非世界是名世界須菩提
於意云何可以三十二相見如来不不世世

BD00391 灌頂章句拔除過罪生死得度經

（東晉）帛尸梨蜜多羅 譯

BD00391v 金剛般若波羅蜜經

（後秦）鳩摩羅什 譯

346.9cm×25.3cm

尊佛去世後當以法開化十方一切衆生
使其受持是經典者若有善女人愛樂是經
受持讀誦宣通之者復能專念若一日二日
三日四日乃至七日憶念不忘能以好素帛
書取是經五色雜綵作囊盛之者是時當
有諸天善神四天大王龍神八部當來營衛
愛敬此經能日日作礼持是經者不墮橫
死所在安隱惡氣消滅諸魔鬼神亦不中
害佛言如是如是如汝所說文殊師利言天
尊所說言无不善
佛告文殊師利若有善男子善女人等發心造
立藥師琉璃光如來形像供養礼拜懸雜色
幡蓋燒香散華歌詠讚歎圍繞百匝還至
本處端坐思惟念藥師琉璃光佛无量功德若

求長壽得長壽求富饒得富饒求安隱得
安隱求男女得男女求官位得官位若命
過以後欲生妙樂天上者亦當礼敬琉璃光
佛至真等正覺若欲上生三十三天者亦當
礼敬琉璃光佛必得往生若欲與明師世相
值者亦當礼敬琉璃光佛
佛告文殊若欲生十方妙樂國土者亦當礼
敬琉璃光佛欲得生兜率天上見弥勒者亦
當礼敬琉璃光佛若欲遠諸邪道亦當礼敬
琉璃光佛若夜惡夢鳥鳴百怪蜚尸邪忤魍魎
鬼神之所嬈者亦當礼敬琉璃光佛若為水
火之所焚漂者亦當礼敬琉璃光佛若入山谷
為虎狼熊羆蒺蔾諸獸鳥龍蚖虵蝮蝎種種雜
類若有惡心來相向者心當存念琉璃光佛山
中諸難不能為害若他方怨賊偷竊惡人

BD00391　灌頂章句拔除過罪生死得度經

中諸難不能爲害若他方怨賊偷竊惡人
怨家債主欲來侵陵心當存念琉璃光佛則
不爲害以善男子善女人礼敬琉璃光如來功德所
致華報如是況果報也是故吾今勸諸四輩
礼事琉璃光佛至真等正覺
佛告文殊我但爲汝略說琉璃光佛礼敬功德
若使我廣說是琉璃光佛无量功德與一切人
求心中所願者從一劫至一劫故不周遍其世
間人若有著牀瘦黃困篤惡病連年累月
不差者聞我說是琉璃光佛名字之時橫病之
厄无不除愈唯除宿殃不請耳
佛說竟无殊若有男子女人受三自歸若五戒若
十戒若善信菩薩廿四戒若沙門二百五十
戒齋若比丘尼五百戒若菩薩戒若破是諸

師友教誨不信佛不信經戒不信聖僧應墮
三惡道中者云失人種受畜生身聞我說是
琉璃光佛善願功德者即得解脫
佛告文殊世有惡人雖受佛禁戒觸事違犯
戒殺无道偷竊他人財寶欺誑妄語婬他婦
女飲酒鬪亂兩舌惡口罵詈毀人犯戒為惡後
祠祀鬼神有如是過罪當墮地獄中若當屠
割若炮銅柱若鐵鉤出舌若洋銅灌口聞
我說是藥師琉璃光佛无不即得解脫者也
佛告文殊其世間人豪貴下賤不信佛不信
經道不信沙門不信有須陁洹不信有斯陁
含不信有阿那含不信有阿羅漢不信有辟
支佛不信有十住菩薩不信有三世之事不
信有十方諸佛不信有本師釋迦文佛不信

BD00391　灌頂章句拔除過罪生死得度經

又欲不信有一信菩薩不信有三世之業不
信有十方諸佛不信有本師釋迦文佛不信
人死神明更生善者受福惡者受殃有如是之
罪應墮三惡道聞我說是藥師琉璃光佛名字
之者一切過罪自然消滅
佛告文殊若有善男子善女人聞我說是藥師
琉璃光佛至真等正覺具諱不發无上正真
道意後皆當得作佛人居世間仕官不遷治
生不得就寒因厄王失財產无復方計聞我
說是藥師琉璃光佛各各得心中所願者仕官
皆高遷財物自然長益飲食充饒皆得富貴
若為縣官之所拘錄惡人侵枉若為怨家所
得便者心當存念琉璃光佛若他婦女產生難
者皆當存念是琉璃光佛現則易生身體平
正无諸疾痛六情完具聰明智慧壽命得長

信我為文殊師利說往昔東方過于恒河沙
世界有佛名藥師琉璃光本願功德者不可
難曰佛言唯天中天佛之所言何敢不信邪
佛復語阿難言世間人雖有眼耳鼻舌身
意人常用是六事以自迷或但信世間魔邪之
言不信至真至誠度世苦切之語如是人輩
難可開化
阿難白佛言世尊世人多有惡逆下賤之者若
聞佛說是經開人耳目破治人病除人隱冥
使覩光明解人疑結去人重罪千劫万劫无復
憂患皆因佛說是藥師琉璃光本願功德悉
令安隱得其福也
佛言阿難汝口為言善而汝內心執疑不信我言
阿難汝莫作是念以自毀敗佛言阿難我見汝

BD00391　灌頂章句拔除過罪生死得度經

阿難汝莫作是念以自毀敗佛言阿難我見汝
心我知汝意汝知之不阿難即以頭面著地長
跪白佛言審如天中天所說我造次聞佛說是藥
師琉璃光煥大尊貴智慧巍巍難可度量我
心有不疑有敢不首伏
佛言汝智慧捷劣少見少聞汝聞我說深妙之
法无上空義應生信敬貴重之心必當得至无
上正真道也
文殊師利問佛言世尊佛說是藥師琉璃光
如來无量功德如是不審誰肯信此言者佛告
文殊言唯有百億諸菩薩摩訶薩當信是
言耳唯有十方世諸佛當信是言
佛言我說是藥師琉璃光如來本願功德難可
得見何況得聞亦難得說亦難得書寫亦難

義此皆先世以發道意今復得聞此微妙法
聞他十方无量衆生當知此人必當得至无上
正真道也
佛告阿難我作佛以來從生死復至生死懃苦
累劫无所不遭无所不歷无所不作无所不為
如是不可思量況復琉璃光佛本願功德者
身汝所以有疑者亦復如是阿難汝聞佛所說
汝歸信之莫作疑惑佛語至誠无有虛僞亦
无二言佛爲信者施不爲疑者說阿難汝莫
作小疑以毀大乘之業汝却後亦當發摩訶
衍心莫以小道毀汝功德阿難白佛言唯天中
天我從今日以去无復尒心唯佛自當知我心
耳
佛語阿難此經能照諸天宮宅若三災起時
中有天人發心念此琉璃光佛本願功德經者

中有天人發心念此琉璃光佛本願功德經者
皆得離於彼處之難是經能除水涸不調是
經能除他方逆賊悉令消滅四方兆狄各還
正治不相嬈惱國土交通人民歡喜是經能除
穀貴飢凍是經能滅惡星變怪是經能除疫
毒之病是經能救三惡道苦地獄餓鬼畜生

苦若人得聞此經典者无不解脫厄難者也
尒時衆中有一菩薩名曰救脫從坐而起整衣
服叉手合掌而白佛言我等今日聞佛世尊演
說過去東方十恒河沙世界有佛號琉璃
光佛一切衆會靡不歡喜救脫菩薩又白佛言
若族姓男女其有危厄著牀痛惱无救護者
我今當勸請諸衆僧七日七夜齋戒一心受
持八禁六時行道卌九遍讀是經典勸然七層之

難言神幡五色卌九尺燈亦復尒七層之燈一層
七燈燈如車輪形若遭厄難閉在牢獄枷鎖著
身亦應造五五色神幡然卌九燈應放雜類
衆生至卌九可得過度危厄之難不為諸橫惡
鬼所持
救脫菩薩語阿難言若天王臣及諸輔相王子
妃主中宮綵女若為病苦所惱亦應造五五色
繒幡然燈續明救諸生命散雜色華燒衆名香
王當放赦幽厄之人徒鎖解脫王得其福天下
太平雨澤以時人民歡樂惡龍攝毒无病苦者
四方夷狄不生逆害國土通同慈心相向无諸
怨害四海歌詠稱王之德秉政福祿在意所生
見佛聞法信受教誨從是福報至无上道
阿難又問救脫菩薩言命可續也救脫菩薩答
阿難言我聞世尊說有諸黃勸造幡蓋

BD00391　灌頂章句拔除過罪生死得度經

阿難又問救脫菩薩言命可續也救脫菩薩答
阿難言我聞世尊說有諸橫勸造幡蓋令其
脩福又言阿難昔沙彌救蟻已脩福故盡其壽
命不更苦患身體安寧福德力強使之然也
阿難因復問救脫菩薩言橫有幾種世尊說
言橫乃无數略而言之大橫有九一者橫病二者
橫有口舌三者橫遭縣官四者身羸无福又持
戒不完橫為鬼神之所得便五者橫為劫賊所
剝六者橫為水火焚漂七者橫為雜類禽獸
所噉八者橫為怨讎符書厭禱邪神嬈引
未得其福但受其殃先亡嬈引亦名橫死九
者有病不治又不脩福湯藥不慎針灸失度
不值良醫為病所困於是殘亡又信世間
妖孽之師為作恐動寒熱言語發禍福所

鬼神請乞福祐欲望長生終不能得愚癡迷
惑信邪倒見死入地獄展轉其中无解脫時是
名九橫
救脫菩薩語阿難言其世間人痿黃之病困
篤著牀求生不得求死不得考楚万端此病人
者或其前世造作惡業罪過所招殃咎所致
使然也救脫菩薩語阿難言閻羅王者主領
世間名籍之記若人為惡作諸非法无孝順心
造作五逆破滅三寶无君臣法又有衆生不
持五戒者不信正法設有受者多所毀犯於地
下鬼神及伺候者奏上五官五官料簡除死
定生惑注錄精神未判是非若已定者奏上
閻羅閻羅監察隨罪輕重考而治之世間
痿黃之病困篤不死一絕一生猶其罪福未得

BD00391　灌頂章句拔除過罪生死得度經

瘦黃之病困篤不死一絕一生猶其罪福未得
科簡錄其精神在彼王所或七日五三七日乃
至七七日名籍定者放其精神還其身中如從
夢中見其善惡其人若明了者信驗罪福是
故我今勸諸四輩造續命神幡然卌九燈放
諸生命以此幡燈放生功德拔彼精神令得
度苦今世後世不遭厄難
救脫菩薩語阿難言如來世尊說是經典
威神功德利益不少坐中諸鬼神有十二王從
坐而起往到佛所胡跪合掌白佛言我等十二
鬼神在於住護若城邑聚落空閑林中若四
輩弟子誦持此經令所結願无不得阿難問
其名云何為我說之救脫菩薩言灌頂章
句其名如是

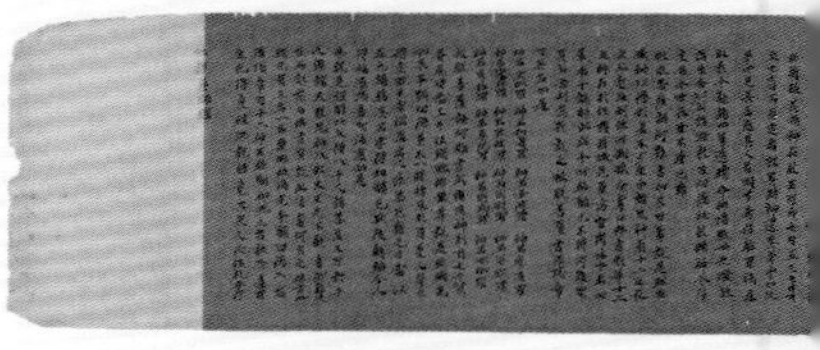

神名摩休羅　神名真陀羅　神名照頭羅　神名毗伽羅
救脫菩薩語阿難言此諸鬼神別有七千眷
眷屬皆悉叉手低頭聽佛世尊說是琉璃光
如來本願功德莫不一時捨鬼形得受人身長
得度脫無衆惱患若人疾急厄難之日當以
五色縷結其名字得如願已然後解結令人
得福灌頂章句法應如是
佛說是經時比丘僧八千人諸菩薩三万六千
人俱諸天龍鬼神八部大王無不歡喜阿難從
坐而起前白佛言演說此法當何名之佛言此
經凡有三名一名藥師琉璃光本願功德二名
灌頂章句十二神王結願神呪三名拔除過罪
生死得度經佛說經竟大衆人民作禮奉行
佛說藥師經

BD00391　灌頂章句拔除過罪生死得度經

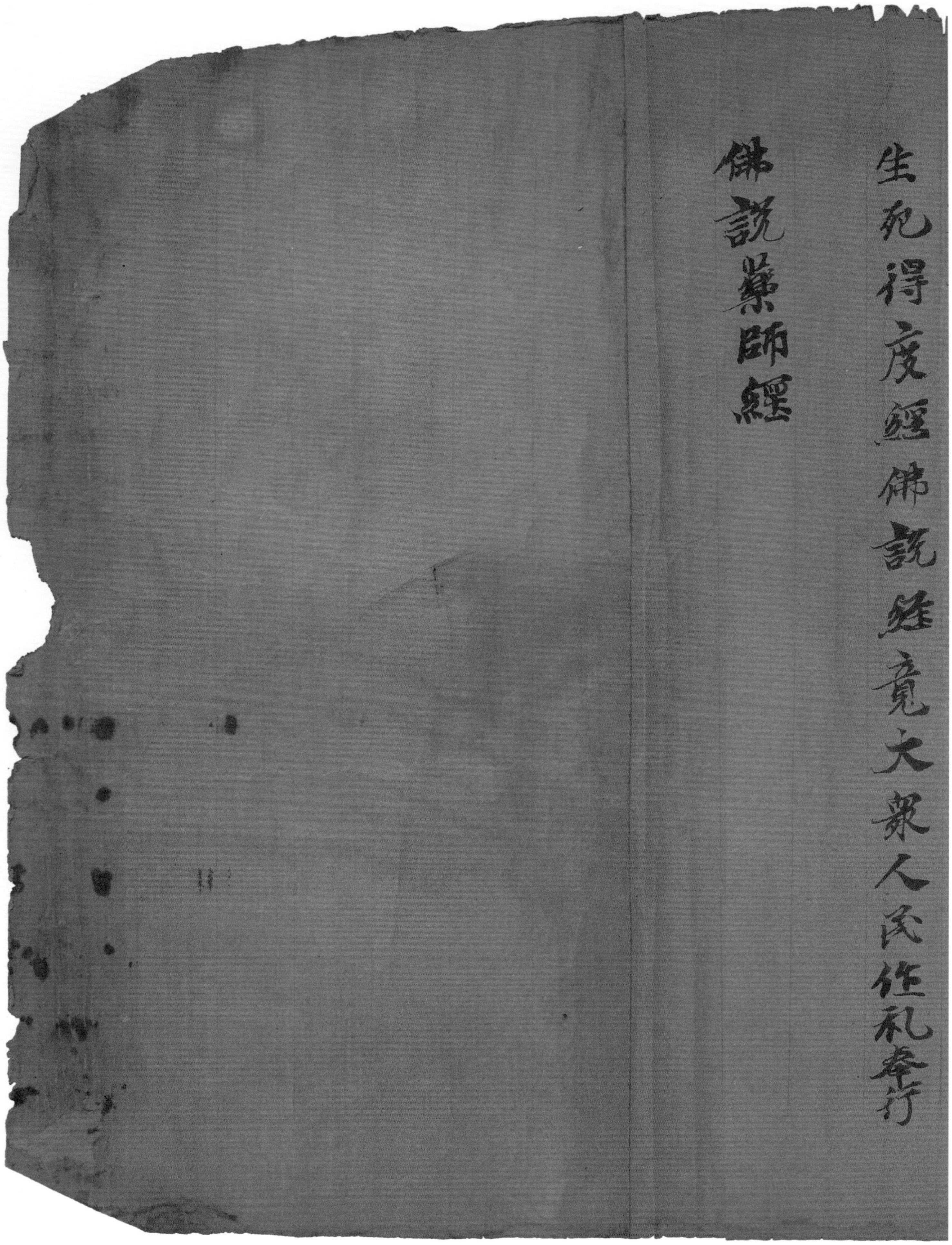
生死得度經佛說經竟大衆人民作礼奉行
佛説藥師經

住相布施其福不可
方虛空可思量不不也
四維上下虛空可思
薩无住相布施
菩提菩薩

BD00391v　金剛般若波羅蜜經

……知我說法……喻者法尚……

須菩提於意云何如來得阿耨多羅三藐三菩

提耶如來有所說法耶須菩提言如我解佛所

說義无有定法名阿耨多羅三藐三菩提亦

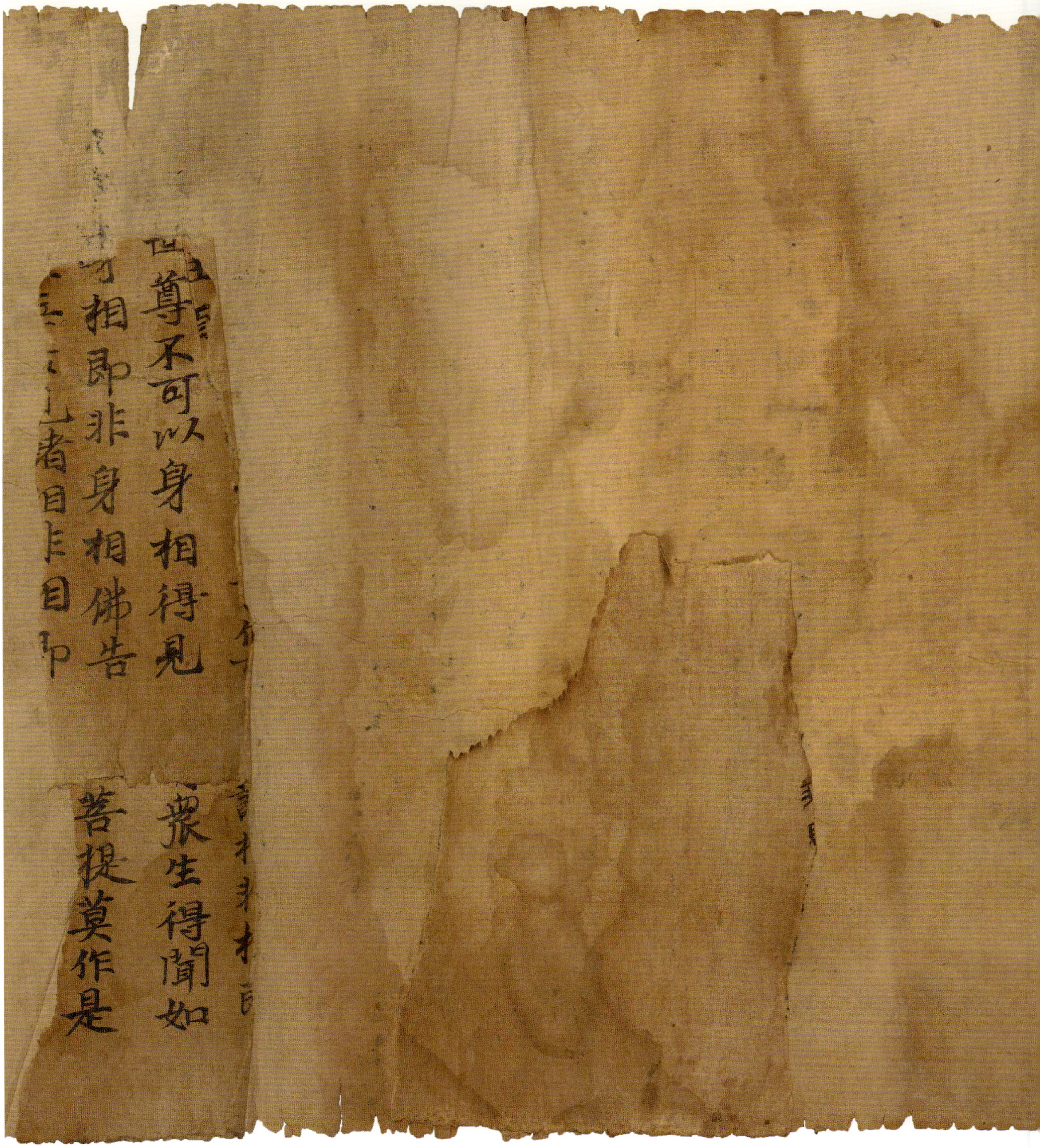
世尊不可以身相得見
相即非身相佛告
衆生得聞如
菩提莫作是

BD00391v　金剛般若波羅蜜經

BD00392 妙法蓮華經卷三

（後秦）鳩摩羅什 譯

136.2cm × 24.5cm

千世界所有地種假使有人磨以為墨過於
東方千國土乃下一點大如微塵又過千國
土復下一點如是展轉盡地種墨於汝等意
云何是諸國土若算師若算師弟子能得邊
際知其數不不也世尊諸比丘是人所經國
土若點不點盡末為塵一塵一劫彼佛滅度
已来復過是數无量无邊百千万億阿僧祇
劫我以如来知見力故觀彼久遠猶若今日
尒時世尊欲重宣此義而說偈言
我念過去世　无量无邊劫　有佛兩足尊　名大通智勝
如人以力磨　三千大千土　盡此諸地種　皆悉以為墨
過於千國土　乃下一塵點　如是展轉點　盡此諸塵墨
如是諸國土　點與不點等　復盡末為塵　一塵為一劫
此諸微塵數　其劫復過是　彼佛滅度来　如是无量劫

佛告諸比丘大通智勝佛壽五百卌万億那
由他劫其佛本坐道場破魔軍已垂得阿耨
多羅三藐三菩提而諸佛法不現在前如是
一小劫乃至十小劫結跏趺坐身心不動而
諸佛法猶不在前尒時忉利諸天先為彼佛
於菩提樹下敷師子座高一由旬佛於此坐
當得阿耨多羅三藐三菩提適坐此座時諸
梵天王雨衆天華面百由旬香風時來吹去
萎華更雨新者如是不絕滿十小劫供養於
佛乃至滅度常雨此華四王諸天為供養佛
常擊天鼓其餘諸天作天伎樂滿十小劫至
于滅度亦復如是諸比丘大通智勝佛過十
小劫諸佛之法乃現在前成阿耨多羅三藐
三菩提其佛未出家時有十六王子其第一

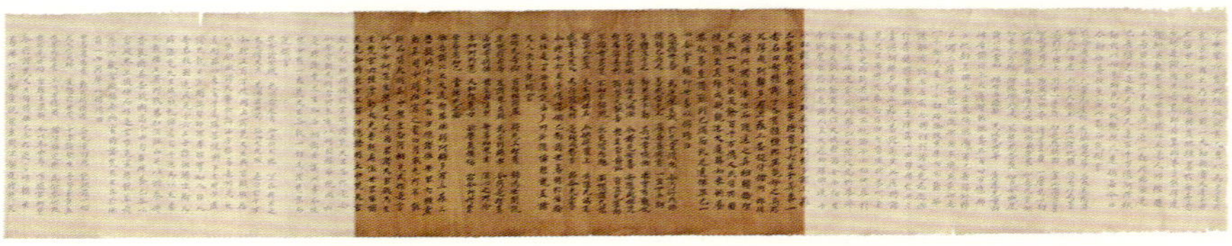

小劫諸佛之法乃現在前成阿耨多羅三藐
三菩提其佛未出家時有十六王子其第一
者名曰智積諸子各有種種珎異翫好之具聞
父得成阿耨多羅三藐三菩提皆捨所珎往
詣佛所諸母涕泣而隨送之其祖轉輪聖
王與一百大臣及餘百千万億人民皆共圍
繞隨至道場咸欲親近大通智勝如來供養
恭敬尊重讚歎到已頭面礼足遶佛畢已一
心合掌瞻仰世尊以偈頌曰
大威德世尊　為度衆生故　於无量億歲　尒乃得成佛
諸願已具足　善哉吉无上　世尊甚希有　一坐十小劫
身體及手足　靜然安不動　其心常憺怕　未曾有散乱
究竟永寂滅　安住无漏法　今者見世尊　安隱成佛道
我等得善利　稱慶大歡喜　衆生常苦惱　盲瞑无導師
不識苦盡道　不知求解脫　長夜增惡趣　減損諸天衆

尒時十六王子偈讚佛已勸請世尊轉於法輪
咸作是言世尊說法多所安隱憐愍饒益諸
天人民重說偈言
世雄无等倫　百福相莊嚴　得无上智慧　願為世間說
度脫於我等　及諸衆生類　為分別顯示　令得是智慧
若我等得佛　衆生亦復然　世尊知衆生　深心之所念
亦知所行道　又知智慧力　欲樂及脩福　宿命所行業
世尊悉知已　當轉无上輪
佛告諸比丘大通智勝佛得阿耨多羅三藐三
菩提時十方各五百万億諸佛世界六種震
動其國中間幽冥之處日月威光所不能
照而皆大明其中衆生各得相見咸作是言
此中云何忽生衆生又其國界諸天宮殿乃
至梵宮六種震動大光普照遍滿世界勝諸
天光尒時東方五百万億諸國土中梵天宮

至梵宮六種震動大光普照遍滿世界勝諸
天光尒時東方五百万億諸國土中梵天宮
殿光明照曜倍於常明諸梵天王各作是念
今者宮殿光明昔所未有以何因緣而現此相
是時諸梵天王即各相詣共議此事而彼
衆中有一大梵天王各救一切為諸梵衆而
說偈言
我等諸宮殿　光明昔未有　此是何因緣　宜各共求之
為大德天生　為佛出世間　而此大光明　遍照於十方
尒時五百万億國土諸梵天王與宮殿俱各
以衣裓盛諸天華共詣西方推尋是相見大
通智勝如來處于道場菩提樹下坐師子座
諸天龍王乾闥婆緊那羅摩睺羅伽人非人
等恭敬圍遶及見十六王子請佛轉法輪即
時諸梵天王頭面礼佛遶百千匝即以天華

宮殿奉上彼佛而作是言唯見哀愍饒益我
等所獻宮殿願垂納處時諸梵天王即於佛
前一心同聲以偈頌曰

世尊甚希有　難可得值遇　具无量功德　能救護一切
天人之大師　哀愍於世間　十方諸衆生　普皆蒙饒益
我等所從來　五百万億國　捨深禪定樂　為供養供故
我等先世福　宮殿甚嚴飾　今以奉世尊　唯願哀納受

尒時諸梵天王偈讚佛已各作是言唯願世
尊轉於法輪度脫衆生開涅槃道時梵天

BD00393

彌勒下生經

（後秦）鳩摩羅什 譯

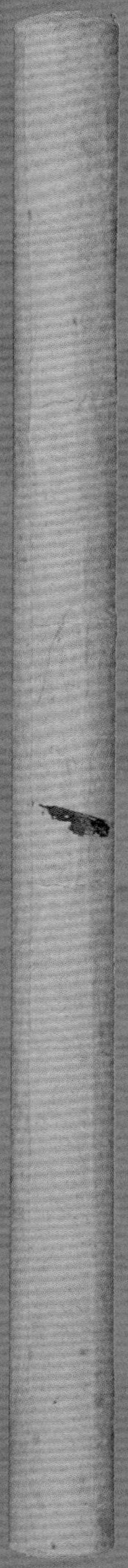

80cm × 26.7cm

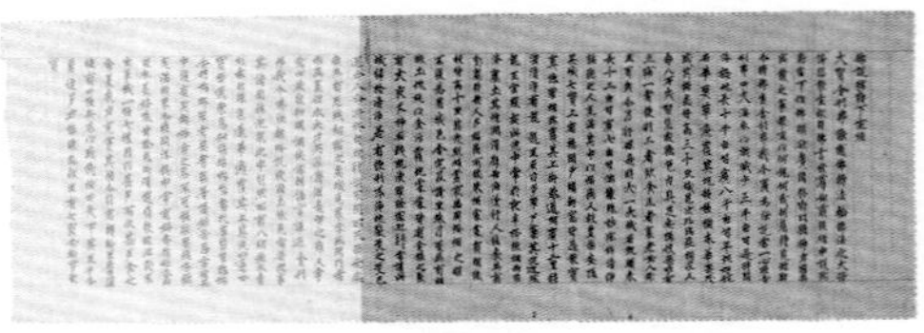

佛說弥勒下生经

大智舍利弗能隨佛轉法輪佛法之大将
怜愍衆生故白佛言世尊如前後經中說弥
勒當下作佛願欲廣聞弥勒功德神力國土
莊嚴之事衆生以何施何戒何慧得見弥勒
尒時佛告舍利弗我今廣為汝說當一心聽舍
利弗四大海水以漸減少三千由旬是時閻
浮提地長十千由旬廣八千由旬平坦如鏡
名華耎草遍覆其地種種樹木華果茂
盛其樹悉皆高三十里城邑次比鶏飛相及人
壽八万歲智慧威德色力具足安隱快樂唯有

長十二由旬廣七由旬端嚴殊妙莊飾清淨
福德之人充滿其中以福德人故豐樂安隱
其城七寶上有樓閣戶牖軒窓皆是衆寶
真珠羅網弥覆其上街巷道陌廣十二里掃
灑清淨有龍　龍王名曰多羅尸棄其池近城
龍王宮殿在此池中常於夜半降微細雨用
淹塵土其地潤澤譬如油塗行人往來無有
坌塵時世人民福德所致巷陌處處有明珠
柱皆高十里其光照耀晝夜無異燈燭之明
不復為用城邑舍宅及諸里巷乃至無有細
微土塊純以金沙覆地處處皆有金銀之聚
有大夜叉神名跋陀波羅賒塞迦（秦言善教）常護此
城掃除清淨若有便利不淨地裂受之受已

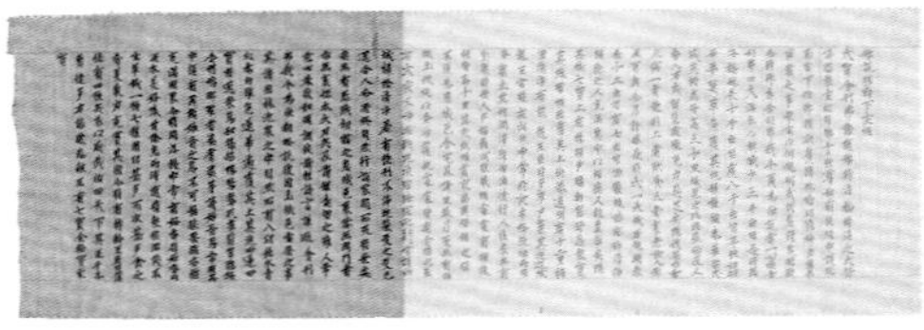

城掃除清淨若有便利不淨地裂受之受已
還合人命將終自然行詣冢間而死時世安
樂無有怨賊劫竊之患城邑聚落無閉門者
亦無衰惱水火刀兵及諸饑饉毒害之難人常
慈心恭敬和順調伏諸根語言謙遜舍利
弗我今為汝粗略說彼國土城邑富樂之事
其諸園林池泉之中自然而有八功德水青
紅赤白雜色蓮華遍覆其上其池四邊四
寶階道衆鳥和集鵝鴨鴛鴦孔雀翡翠鸚鵡
舍利鳩那羅耆婆耆婆等諸妙音鳥常在其
中復有異類妙音之鳥不可稱數果樹香樹
充滿國界尒時閻浮提中常有好香譬如香山
流水美好味甘除患雨澤隨時穀稼滋茂不

佉有四種兵不以威武治四天下其王千子
勇健多力能破怨敵王有七寶金輪寶象
寶

BD00394 金光明最勝王經卷一

（唐）義净 譯

BD00394v-1 題記

BD00394v-2 雜寫

BD00394v-3 金光明最勝王經卷一外題

134.3cm × 25cm

金光明最勝王經序品第一　三藏法師義淨奉 制譯
如是我聞一時薄伽梵在王舍城鷲峯山頂
於最清淨甚深法界諸佛之境如來所居與
大苾芻衆九万八千人皆是阿羅漢能善
伏如大象王諸漏已除無復煩惱心善解
善解脫所作已辦捨諸重擔逮得己利盡
諸有結得大自在住清淨戒善巧方便智
莊嚴證八解脫已到彼岸其名曰具壽阿
憍陳如具壽阿說侍多具壽婆澀波具壽
訶那摩具壽婆帝利迦大迦攝波優樓頻螺
迦攝波伽耶迦攝波那提迦攝波舍利子大目乾連
阿難陀住於學地如是等諸大聲聞各於

復有菩薩摩訶薩百千万億人俱皆有大威
德如大龍王名稱普聞衆所知識施戒清淨常
樂奉持忍行精勤經無量劫已超靜慮
念現前開闡慧門善修方便自在遊戲獲
神通逮得總持辯才無盡斷諸煩惱累染皆
亡不久當成一切種智降魔軍衆而擊法鼓制
諸外道令起淨心轉妙法輪度人天衆十方
佛土悉已莊嚴六趣有情無不蒙益成就大
智具足大忍住大慈悲心有大堅固力歷事
諸佛不般涅槃發弘誓心盡未來際讃於佛
所深種淨因於三世法悟無生忍愈於二乘一
行境界以大善巧化世間於大師教能敷
演秘密之法甚深空性皆已了知無復疑惑
其名曰無障礙轉法輪菩薩常發心轉法輪

其名曰無障礙轉法輪菩薩常發心轉法輪
菩薩常精進菩薩不休息菩薩慈氏菩薩
妙吉祥菩薩觀自在菩薩總持自在王菩
薩大辯莊嚴王菩薩妙高山王菩薩大海深
王菩薩寶幢菩薩大寶幢菩薩地藏菩薩虛
空藏菩薩寶手自在菩薩金剛手菩薩歡喜
力菩薩大法力菩薩大莊嚴光菩薩大金光莊
嚴菩薩淨戒菩薩常定菩薩極清淨
薩堅固精進菩薩心如虛空菩薩不斷大願菩薩
施藥菩薩療諸煩惱病菩薩醫王菩薩歡喜
高王菩薩得上授記菩薩大雲淨光菩薩大
雲持法菩薩大雲名稱喜樂菩薩大雲現無
邊稱菩薩大雲師子吼菩薩大雲牛王吼菩
薩大雲吉祥菩薩大雲寶德菩薩大雲日藏

慧雨充遍菩薩大雲清淨雨王菩薩大雲花
樹王菩薩大雲青蓮花香菩薩大雲寶旃檀
清香涼身菩薩大雲除闇菩薩大雲破翳
菩薩如是等無量大菩薩衆各於晡時從定
而起往詣佛所頂礼佛足右繞三匝退坐一面
復有梨車毗童子五億八千其名曰師子光
童子師子慧童子法授童子因陀羅授童子
大光童子大猛童子佛護童子法護童子僧
護童子金剛護童子虚空護童子虚空吼童子
寶藏童子吉祥妙藏童子如是等人而為上
首悉皆安住無上菩提於大乘中深信歡
喜各於晡時往詣佛所頂礼佛足右繞三
匝退坐一面
復有四万二千天子其名曰喜見天子喜悦

復有四万二千天子其名曰喜見天子喜悅
天子日光天子月髻天子明慧天子虛空淨
慧天子除煩惱天子吉祥天子如是等天而
爲上首皆發弘願護持大乘紹隆正法能
使不絶各於晡時往詣佛所頂礼佛足右
繞三匝退坐一面
復有二万八千龍王蓮花龍王瞖羅葉龍王
大力龍王大吼龍王小波龍王持駃水龍王
金面龍王如意龍王是等龍王而爲上首於
大乘法常樂受持發深信心稱揚擁護各
於晡時往詣佛所頂礼佛足右繞三匝退坐一
面復有三万六千諸藥叉衆毗沙門天王而爲
上首其名曰菴婆藥叉持菴婆藥叉蓮花光
藏藥叉蓮花面藥叉頻眉藥叉現大怖藥

詣佛所頂礼佛足右繞三帀退坐一面
復有四万九千揭路荼王香象勢力王而為
上首及餘健闥婆阿蘇羅緊那羅莫呼洛伽
等山林河海一切神仙并諸大國所有王衆中
宮后妃淨信男女人天大衆悉皆雲集咸
願擁護無上大乘讀誦受持書寫流布各於
晡時往詣佛所頂礼佛足右繞三帀退坐一面
如是等聲聞菩薩人天大衆龍神八部既雲
集已各各至心合掌恭敬瞻仰尊容目未
曾捨願樂欲聞殊勝妙法尒時薄伽梵於日

BD00394v-1　題記

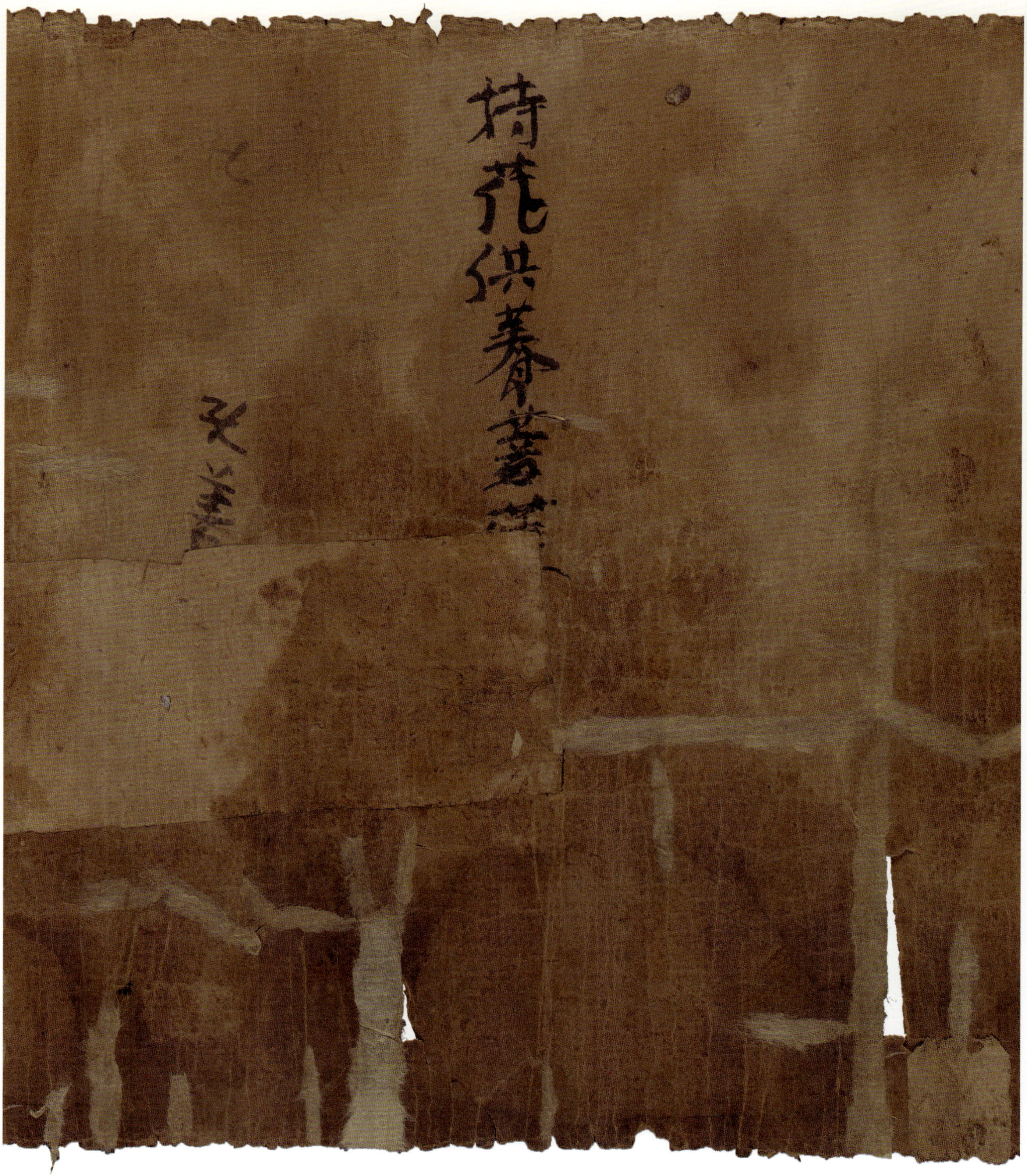

持花供養菩薩

[illegible]善

BD00394v-2　雜寫

BD00394v–3　金光明最勝王經卷一外題

BD00395 成實論卷一六

（天竺）訶梨跋摩 造

（後秦）鳩摩羅什 譯

222.4cm×26cm

在故
應非見五諦中无真實智以无行故上常
假名故見智慧等一切皆无况但无見問曰
有人言眼根名見是事云何答曰眼根非見
眼識能緣隨俗言說故曰眼見問曰有人言
八見謂五邪見世間正見學見无學見除此
八見餘慧不名爲見是事云何答曰若見智
得解脫了通證皆是一義若言此見此非見
皆自想分別說問曰經中說智者見者則得
漏盡有何差別答曰若智初破假名名爲智
入法位已則名爲見始觀名智達了名見有
如是深淺等也

中生名爲聞慧以此能生无漏聖慧故名爲
慧如經中說羅侯羅比丘今能成就得解脫
慧雖聞違陁等世俗經典以不能生无漏慧
故不名聞慧若能思量諸經中義是名思慧
如說行者聞法思惟義趣又說行者聞法思
惟義已當隨順行若能現前知見是名脩慧如
說行者於定心中見五陰生滅如諸經中說
汝等比丘脩習禪定當得如實現前知見又
七正知經中說若比丘知法名聞慧知義名
思慧知時等名脩慧又如羅侯羅讀誦五受
陰部等名聞慧獨處思義名思慧後得道時
名脩慧又經中說三種器杖聞杖離杖慧杖
聞杖名聞慧離杖名思慧慧杖名脩慧又經

聞杖名聞慧離杖名思慧慧杖名脩慧又經
中說聞法五利未聞則聞已聞明了斷疑正
見以慧通達甚深義趣未聞則聞已聞明了
是名聞慧斷疑正見是名思慧以慧通達是
名脩慧又聞法利中說行者以耳聽法以口
誦習是名聞慧以意思量是名思慧以見通
達是名脩慧又四須陁洹分中聞正法名聞
慧正憶念名思慧隨法行名脩慧又五解脫
門中從所尊聞法是名聞慧通達語義是名
思慧生歡喜等名為脩慧又經中說佛所說法
三時善等善男子若長若幼聞法生念在家
憒閙出家閑靜若不出家則不能淨脩善法
即捨所有親屬財物出家持戒守護諸根威

滅盡相此中十[illegible]聞說是名聞慧念在家性
內出家閑靜是名思慧遠離五蓋乃至漏盡
是名脩慧又經中說二因緣故能生正見從
他聞法自正憶念從他聞法名聞慧自正憶
念名思慧能生正見名脩慧又偈中說當近
善人聽受正法樂於獨處調伏其心是中習近
善人聽受正法是名聞慧樂於獨處是名思
慧調伏其心是名脩慧又佛教諸比丘汝所
說時當說四諦所思惟時當思四諦是中若說
四諦名聞慧思惟四諦名思慧得四諦名脩
慧如是等處處經中佛說三慧問曰是三慧
幾欲界幾色无色界答曰欲色界一切如手
居士生无熱天彼中說法若人說法必思其
義故如色界亦有思慧无色界中唯有脩慧

居士生无熱天彼中說法若人說法必思其
義故知色界亦有思慧无色界中唯有脩慧
問曰有人言欲界无脩慧色界无思慧是事
云何荅曰何因緣故欲界无脩慧問曰以欲
界道不能斷諸蓋鄣諸纏令欲界纏不現在
前荅曰佛法中无有此語以欲界道不能斷
諸蓋鄣諸纏令欲界纏不現在前有說以欲
界道能破煩惱何者欲界有不淨觀等如經中
說善脩不淨觀能破貪欲慈等亦尒問曰欲界
是不淨觀等不能永斷煩惱荅曰色界不淨
觀等亦不能畢竟斷諸煩惱問曰以麁重不適
等行能斷煩惱非不淨等荅曰无有經說麁

淨等不能又若欲界有麁等行應以此行斷
諸煩惱若无應說因緣何故有不淨等而无
麁等若有而不斷煩惱色界雖有亦不應能
斷是亦應說因緣何故欲界不能而色界能
問曰欲界雖有麁等而不能斷諸煩惱以是
散乱界故散乱心者无所能斷如經中說攝
心是道散心非道答曰應說因緣何故欲界
名散乱界耶是中有不淨觀等若是散乱界
云何能觀骨等異相又色界攝心有何異相
而欲界无問曰以色界道能得離欲於此間
死生色界中如揹出揹答曰何名離欲問曰
斷煩惱名離欲以色界道能斷煩惱非欲界
答曰諸外道斷結還起還生欲界是故凡夫

答曰諸外道斷結還起還生欲界是故凡夫
不名斷結若斷已更生則无漏斷結亦應更
生是事不可又經中說斷三結已能斷三毒
凡夫不能斷三結故无得離欲又凡夫常有
我等心故无有能斷身見等若凡夫能離欲
者一切煩惱皆不應有所以者何一切煩惱
皆衆緣成如經中說從衆緣成我若此凡夫
於欲界五陰不起身見復未得上界諸陰然
則應无身見有如此過如是煩惱應當永盡
此凡夫應是羅漢而實不得煩惱都盡如經
中說聞大雷音二人不怖轉輪聖王及阿羅
漢今此凡夫亦應不怖又阿羅漢不欲生不

不能覆心此人亦應如是以離欲故而實凡
夫雖說離欲皆无此相故知不斷煩惱問曰
凡夫能斷煩惱此間命終往生色界若不斷
結云何生彼經中亦說有離欲外道又說阿
羅羅迦羅摩欝頭藍弗捨離欲色生无色中
又說以色離欲以无色離色以滅離起思念
是故汝言凡夫雖斷煩惱以還生故不名為
斷是事不然汝亦說凡夫諸有所斷實皆是
遮但名為斷離其實不斷說名為斷實不離
欲說名離欲如偈中說若念我我所死來則
能斷小兒挊土戲隨愛時恡護若心厭離時
即壞而捨去此亦名離欲而外道斷与死斷
異死斷不生色无色界小兒捨土雖供養之

異死斷不生色无色界小兒捨土雖供養之
无大果報若供養離欲外道得大果報語言
雖同其義則異故知凡夫實有斷離答曰遮
中有差別若能深遮煩惱則生色无色界又
若能遮身見先已說過若不能遮欲界身見
云何能生色无色界但遮貪恚故生色界非
遮身見等故知凡夫實不斷結上有欲界善
法能遮煩惱故知欲界上有脩慧又經中說
除七依處上許得道故知依欲界定能生真
智問曰是人依初禪近地得羅漢道非欲界
定答曰不然言除七依則除初禪及近地已
又此中无有因緣知依近地非欲界定若此

智是義不必先得禪定而後漏盡但必以法
住智爲先然後漏盡故知除諸禪定除禪定
故說須尸摩經若受近地即過同諸禪又无
有經中說近地名是汝自想分別問曰我先
說指喻故知以異地道能斷異地結如以細

BD00396 無量壽宗要經（甲本）

BD00396v 雜寫

288cm × 24.5cm

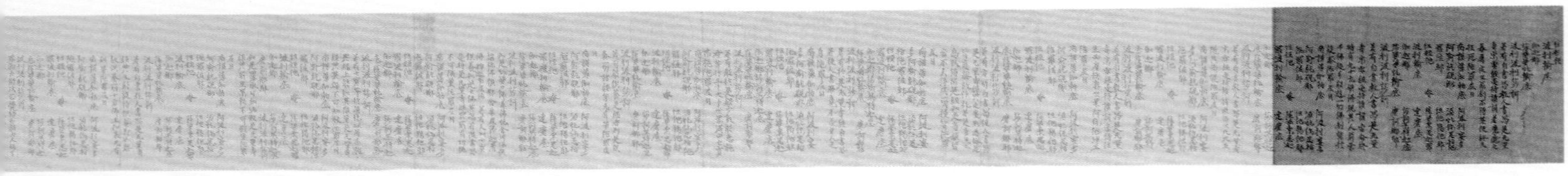

怛姪他
波利輸底
伽迦娜
莎婆婆毗輸底
波利波利莎訶
若有自書寫教人書寫是无量
壽宗要經受持讀誦若魔魔之
眷屬夜叉羅剎不得某便終无
枉死陁羅尼曰
南謨薄伽勃底　阿波利蜜多
阿喻紇硯娜　須毗你悉指陁
羅佐耶　怛他羯他耶
怛姪他　唵　薩婆桒悉迦羅
波利輸底　達磨底

波利輸底　達磨底
伽迦娜　莎訶羊特迦底
莎婆婆忱輸底　摩訶娜耶
波利波利莎訶
若有自書教人書寫是无量
壽宗要經受持讀誦當命終
時有九十九姟佛現其人前𦯔
千佛授手能遊一切佛刹莫於
疑惑陁羅尼曰
南謨薄伽勃底　阿波利蜜多
阿對紇硯娜　須毗你悉指
陁羅佐耶　怛他羯他耶
怛姪他　唵　薩婆桑悉迦
羅波利輸底　達磨底

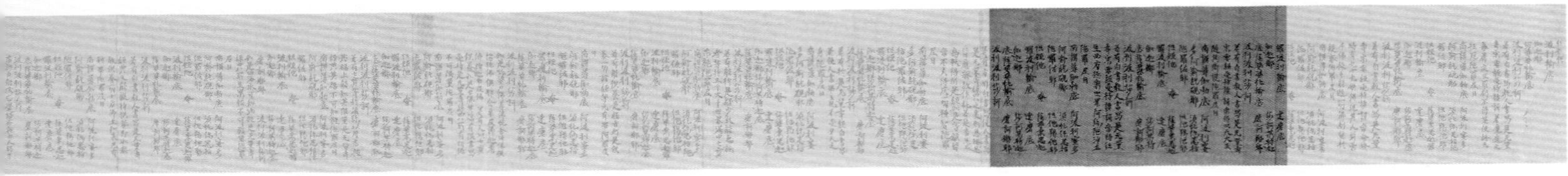

羅波利輸底　達磨底
伽迦鄉　莎訶某特迦
底薩婆婆毗輸底　摩訶鄉耶
波利波利莎訶
若有自書教人書寫是无量壽
宗要經受持讀誦常得四天大王
隨其衛護陁羅尼曰
南謨薄伽勃底　阿波利蜜
多阿瑜紇硯鄉　須毗你恣指
陁羅佐耶　怛他羯他耶
怛姪他　唵　薩婆桑恣迦
羅波利輸底　達磨底
伽迦鄉　莎訶某特
底薩婆娑毗輸底　摩訶鄉耶

底薩婆婆毗輸底　摩訶娜耶
波利波利莎訶
若有自書教人書寫是无量
壽宗要經受持讀誦當得往
生西方極樂世界阿彌陁淨土
陁羅尼曰
南謨薄伽勃底　阿波利蜜多
阿瑜紇硯娜　須毗你悉指
陁羅佉耶　怛他羯他耶
怛姪他　唵　薩婆桑悉迦
羅波利輸底　達磨底
伽迦娜　莎訶某特迦
底薩婆婆毗輸底　摩訶娜耶
波利波利莎訶

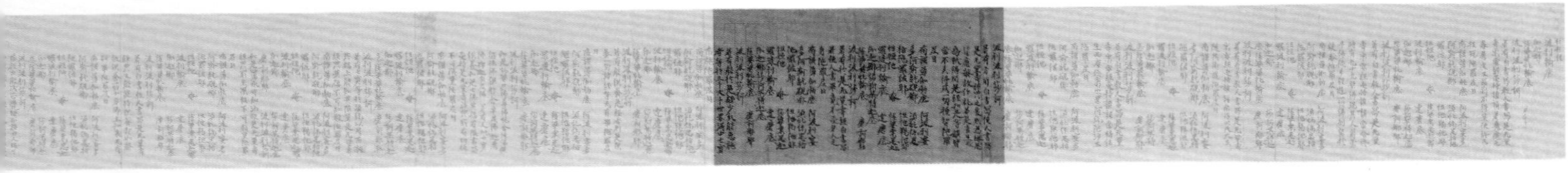

波利波利莎訶
若有方所自書寫使人書寫
是无量壽經典之處則爲塔是
皆應恭敬作礼若是畜生
鳥獸得聞是經如是等類皆
當不久得成一切種智陁羅
尼曰
南謨薄伽勃底　阿波利蜜
多阿喻紇硯娜　須毗你悉
指陁羅佐耶　怛他羯他耶
怛姪他　唵　薩婆桑悉迦
囉波利輸底　達磨底
伽伽娜莎訶某特迦底
薩婆婆毗輸底　摩訶娜耶

薩婆毗輸底　摩訶娜耶
波利波利莎訶
若有於是無量壽經自書寫
若使人書畢竟不受女人之
身陁羅尼曰
南謨薄伽勃底　阿波利蜜
多阿瑜紇硯娜　須毗你指
陁羅佐耶　怛他羯他耶
怛姪他　唵　莎婆業悉迦
羅波利輸底　達摩底
伽迦娜莎訶某特迦底
薩婆婆毗輸底　摩訶娜耶
波利波利莎訶
若有能於是經少分能惠施
者等於三千大千世界滿中七寶

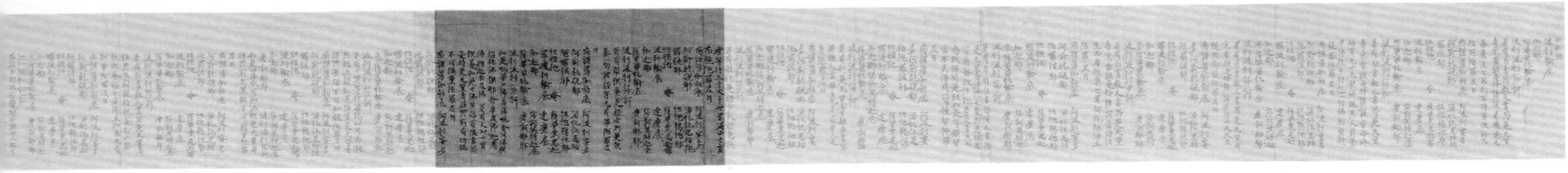

者等於三千大千世界滿中七寶
布施陁羅尼曰
南謨薄伽勃底　阿波利蜜多
阿喻紇硯那　須毗你悉指陁
羅佐耶　怛他羯他耶
怛姪他　唵　薩婆桒悉迦羅
波利輸底　達磨底
伽迦娜　莎訶某特迦底
薩婆婆毗輸底　磨訶娜耶
波利波利莎訶
若有能供養是經者則是供
養一切諸經等无有異陁羅尼
曰
南謨薄伽勃底　阿波利蜜多
阿喻紇硯那　須毗你悉指

阿喻紇硯娜　須毗你悉指
陁囉佐耶　怛他羯他耶
怛姪他　唵　薩婆桒悉迦
囉波利輸底　達磨底
伽迦娜　莎訶某特迦底
薩婆娑毗輸底　摩訶娜耶
波利波利莎訶
如是毗婆尸佛弃佛毗舍浮佛俱
留孫佛俱那含牟尼佛迦葉
佛釋迦牟尼佛　若有人以七寶
供養如是七佛其福有限書寫
受持是无量壽經典所有功德
不可限量陁羅尼曰
南謨薄伽勃底　阿波利蜜多

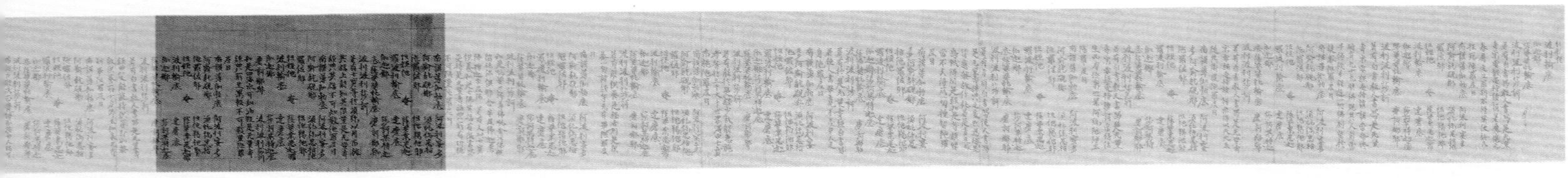

南謨薄伽勃底　阿波利蜜多
阿瑜紇硯鄉　須毗你悉指
陁羅佐耶　怛他羯他耶
怛姪他　唵　薩婆桒悉迦
羅波利輸底　達磨底
伽迦那　莎訶某特迦
底　薩婆婆毗輸底　摩訶鄉耶
波利波利　莎訶
若有七寶等於須彌以用布施
其福上能知其限量是无量壽
經典其福不可知數陁羅尼曰
南謨薄伽勃底　阿波利蜜多
阿瑜紇硯鄉　須毗你悉指陁
羅佐耶　怛他羯他耶

羅佉耶　怛他羯他耶
怛姪他　唵　薩婆桒悉迦羅
波利輸底　達磨底
伽迦娜　莎訶其特迦底
磨訶娜耶　波利波利莎訶
如是四海水可知滴數是无量壽
經典所生果報不可數量陁羅
尼曰
南謨薄伽勃底　阿波利蜜多
阿喻紇硯娜　須毗你悉指
陁羅佉耶　怛他羯他耶
怛姪他　唵　薩婆桒悉迦羅
波利輸底　達磨底
伽迦娜　莎訶其特迦底

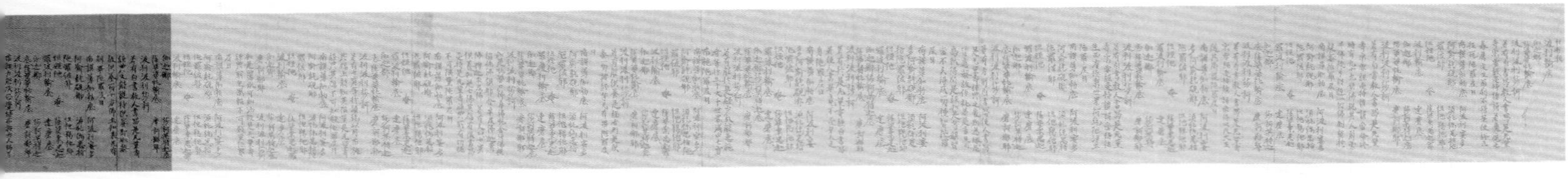

伽迦鄉　莎訶某將迦底
薩婆婆毗輸底　摩訶鄉耶
波利波利莎訶
若有自書教人書寫是无量壽
經典文能護持供養即如恭
敬供養一切十方佛土如來无有
別畢陁羅尼日
南謨薄伽勃底　阿波利蜜多
阿喻紇硯鄉　須毗你悉指
陁羅佐耶　怛他羯他耶
怛姪他　唵　薩婆桑悉迦
羅波利輸底　達磨底
伽迦鄉　莎訶某特迦
底薩婆婆毗輸底　摩訶鄉耶

底薩婆婆毗輸底　摩訶娜耶

波利波唎娑訶

布施力能成正覺悟布施力人師子

布施力能聲普聞慈悲階漸最能入

持戒力能成正覺悟持戒力人師子

持戒力能聲普聞慈悲階漸最能入

忍辱力能成正覺悟忍力辱（辱）人師子

忍辱力能聲普聞慈悲階漸最

入精進力能成正覺悟精進力人師子

精進力能聲普聞慈悲階漸最能

入禪定力能成正覺悟禪定力人師子

禪定力能聲普聞慈悲階漸最

能入智慧力能成正覺悟智慧力

人師子智慧力能聲普聞慈悲

階漸最能入

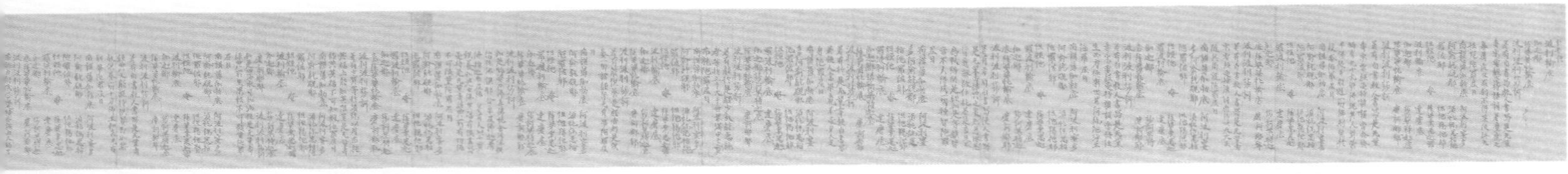

階漸冣能入
尒時如來說是經已一切世間天人
阿脩羅揵闥婆等聞佛所說皆
大歡喜信受奉行
南謨曷囉怛那怛羅夜耶 南謨
阿利耶 婆路枳帝 攝伐羅耶
菩提薩埵跛耶 摩訶薩埵跛耶
摩訶迦盧尼迦耶 怛姪他 唵
斫迦羅伐 旃檀摩尼 摩訶蘇頭
迷 嚧嚧底 瑟琓遮 伐羅多多
阿曷羅舍烏吽 泮泮 娑婆訶
唵 蘇頭迷 旃檀摩尼
摩訶遮伐羅吽 唵伐羅多多
蘇頭迷 吽

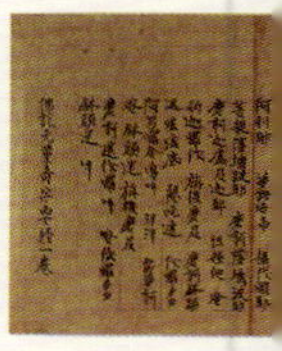

鉢頭迷　吽

佛説无量壽宗要経一卷

BD00396v　雜寫

BD00397 維摩詰所說經卷上

（後秦）鳩摩羅什 譯

BD00397v 勘記

43cm × 26cm

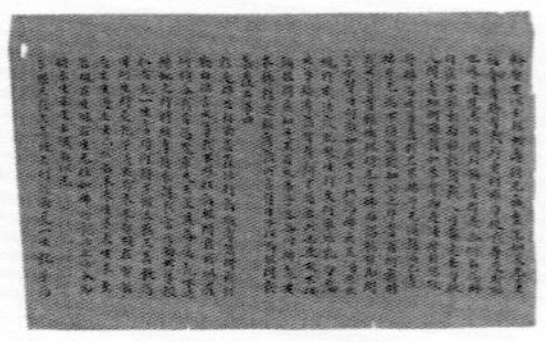

輪聖王以少福故尚得无病豈況如來无量
福會普勝者哉行矣阿難勿使我等受斯耻
也外道梵志若聞此語當作是念何名為師
自疾不能救而能救諸疾人可密速去勿使
人聞當知阿難諸如來身即是法身非思欲
身佛為世尊過於三界佛身无漏諸漏已盡
佛身无為不墮諸數如此之身當有何疾時
我世尊實懷慚愧得无近佛而謬聽耶即聞
空中聲曰阿難如居士言但為佛出五濁惡世
現行斯法度脫衆生行矣阿難取乳勿慚
世尊維摩詰智慧辯才為若此也是故不任
詣彼問疾如是五百大弟子各各向佛說其
緣稱述維摩詰所言皆曰不任詣彼問疾

[illegible]
於是佛告彌勒菩薩汝行詣維摩詰問疾彌
勒白佛言世尊我不堪任詣彼問疾所以者
何憶念我昔為兜率天王及其眷屬說不退
轉地之行時維摩詰來謂我言彌勒世尊授
仁者記一生當得阿耨多羅三藐三菩提為
用何生得受記乎過去耶未來耶現在耶若
過去生過去生已滅若未來生未來生未至
若現在生現在生无住如佛所說比丘汝今即
時亦生亦老亦滅若以无[illegible]
多羅三藐三菩提云何彌勒受一生記乎為

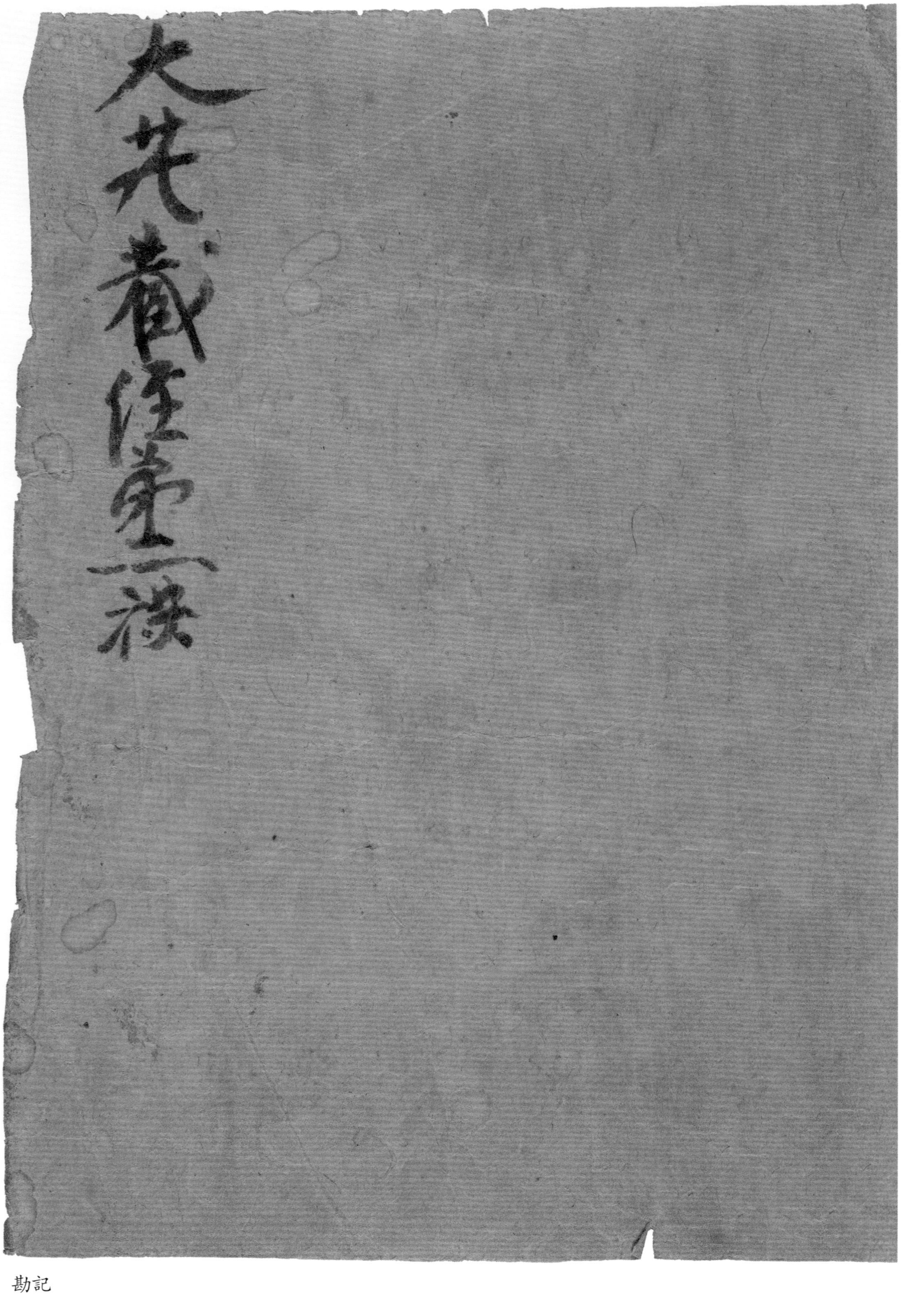

BD00397v 勘記

BD00398 金剛般若波羅蜜經

（後秦）鳩摩羅什 譯

352.5cm × 25.2cm

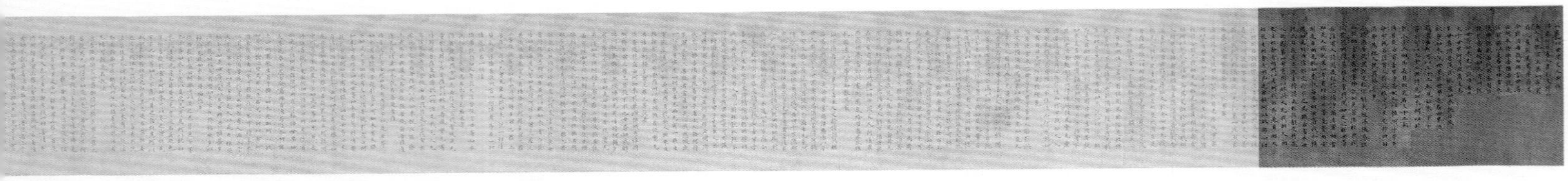

此處一切世間天人阿脩
塔廟何況有人盡能受持讀
是人成就最上第一希有
在之處則為有佛若尊
尒時須菩提白佛言世尊
云何奉持佛告須菩提是
波羅蜜以是名字汝當奉持
提佛說般若波羅蜜則非
提於意云何如來有所說
言世尊如來无所說須菩提
大千世界所有微塵是為
多世尊須菩提諸微塵如來說非微
微塵如來說世界非世界是名世界須
於意云何可以三十二相見如來不不
[illegible]

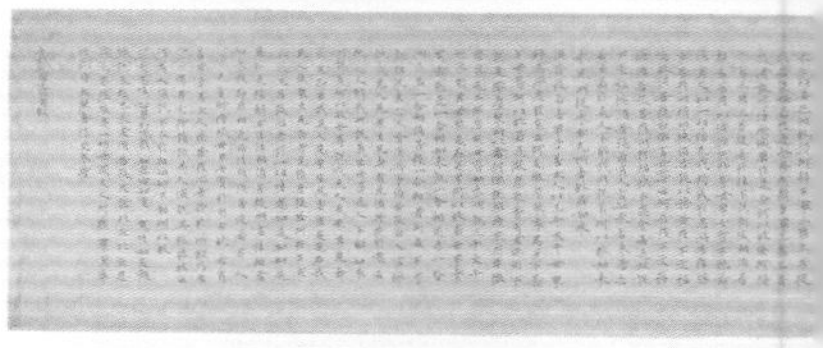

說三十二相即是非相是名三十二相
須菩提若有善男子善女人以恒河沙等身
命布施若復有人於此經中乃至受持四句
偈等為他人說其福甚多
尒時須菩提聞說是經深解義趣涕淚悲泣
而白佛言希有世尊佛說如是甚深經典我
從昔來所得慧眼未曾得聞如是之經世尊
若復有人得聞是經信心清淨則生實相當
知是人成就第一希有功德世尊是實相者
則是非相是故如來說名實相世尊我今得
聞如是經典信解受持不足為難若當來世
後五百歲其有衆生得聞是經信解受持是
人則為第一希有何以故此人无我相人相
衆生相壽者相所以者何我相即是非相人
相衆生相壽者相即是非相何以故離一切

BD00398　金剛般若波羅蜜經

相衆生相壽者相即是非相何以故離一切
諸相則名諸佛佛告須菩提如是如是若復
有人得聞是經不驚不怖不畏當知是人甚
為希有何以故須菩提如來說第一波羅蜜
非第一波羅蜜是名第一波羅蜜
須菩提忍辱波羅蜜如來說非忍辱波羅蜜
何以故須菩提如我昔為歌利王割截身體
我於尒時无我相无人相无衆生相无壽者
相何以故我於往昔節節支解時若有我相
人相衆生相壽者相應生瞋恨須菩提又念
過去於五百世作忍辱仙人於尒所世无我
相无人相无衆生相无壽者相是故須菩提
菩薩應離一切相發阿耨多羅三藐三菩提
心不應住色生心不應住聲香味觸法生心

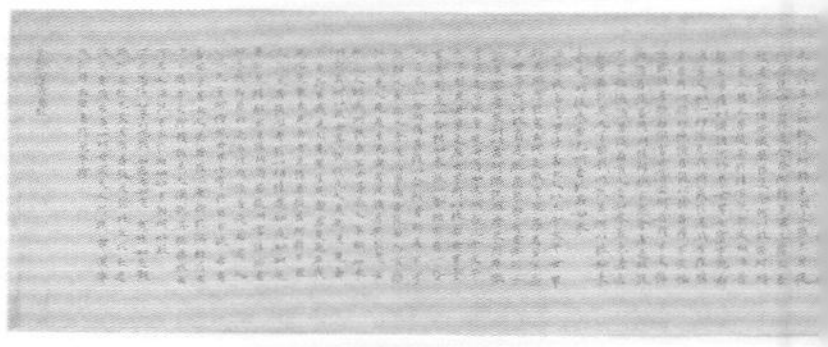

益一切衆生應如是布施如来説一切諸相
即是非相又説一切衆生則非衆生須菩提
如来是真語者實語者如語者不誑語者不
異語者須菩提如来所得法此法无實无虚
須菩提若菩薩心住於法而行布施如人入
闇則无所見若菩薩心不住法而行布施如
人有目日光明照見種種色
須菩提當来之世若有善男子善女人能於此
經受持讀誦則為如来以佛智慧悉知是人
悉見是人皆得成就无量无邊功德
須菩提若有善男子善女人初日分以恒河
沙等身布施中日分復以恒河沙等身布施
後日分亦以恒河沙等身布施如是无量百
千万億劫以身布施若復有人聞此經典信

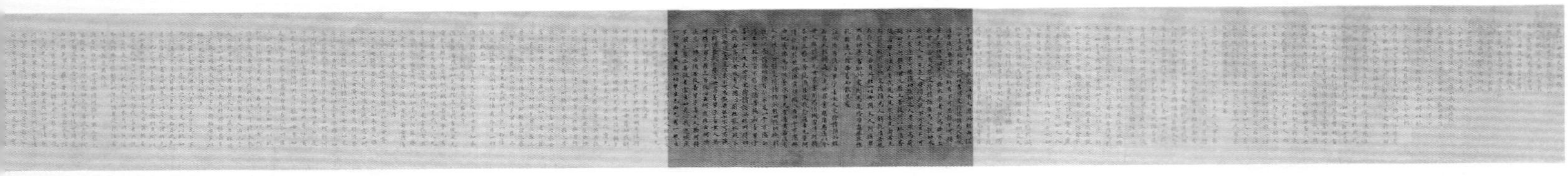

千万億劫以身布施若復有人聞此經典信
心不逆其福勝彼何況書寫受持讀誦為人解說
須菩提以要言之是經有不可思議不可稱
量无邊功德如来為發大乘者說為發最上
乘者說若有人能受持讀誦廣為人說如来
悉知是人悉見是人皆得成就不可量不可
稱无有邊不可思議功德如是人等則為荷
擔如来阿耨多羅三藐三菩提何以故須菩
提若樂小法者著我見人見衆生見壽者見
則於此經不能聽受讀誦為人解說須菩提
在在處處若有此經一切世間天人阿脩羅
所應供養當知此處則為是塔皆應恭敬作
礼圍遶以諸華香而散其處
復次須菩提善男子善女人受持讀誦此經

多羅三藐三菩提須菩提我念過去无量阿
僧祇劫於然燈佛前得值八百四千万億那
由他諸佛悉皆供養承事无空過者若復有
人於後末世能受持讀誦此經所得功德於
我所供養諸佛功德百分不及一千万億分
乃至筭數譬喻不能及須菩提若善男子
善女人於後末世有受持讀誦此經所得功
德我若具說者或有人聞心則狂亂狐疑不
信須菩提當知是經義不可思議果報亦不可思議
尒時須菩提白佛言世尊善男子善女人發
阿耨多羅三藐三菩提心云何應住云何降
伏其心佛告須菩提善男子善女人發阿耨
多羅三藐三菩提者當生如是心我應滅度
一切衆生滅度一切衆生已而无有一衆生

一切衆生滅度一切衆生已而无有一衆生
實滅度者何以故若菩薩有我相人相衆生
相壽者相則非菩薩所以者何須菩提實无
有法發阿耨多羅三藐三菩提者
須菩提於意云何如来於然燈佛所有法得
阿耨多羅三藐三菩提不不世世尊如我解
佛所説義佛於然燈佛所无有法得阿耨多
羅三藐三菩提佛言如是如是須菩提實无
有法如来得阿耨多羅三藐三菩提須菩提
若有法如来得阿耨多羅三藐三菩提然燈
佛則不與我受記汝於来世當得作佛号釋
迦牟尼以實无有法得阿耨多羅三藐三菩
提是故然燈佛與我受記作是言汝於来世
當得作佛号釋迦牟尼何以故如来者即諸

三菩提須菩提如來所得阿耨多羅三藐三
菩提於是中无實无虛是故如來說一切法
皆是佛法須菩提所言一切法者即非一切
法是故名一切法
須菩提譬如人身長大須菩提言世尊如來
說人身長大則為非大身是名大身
須菩提菩薩亦如是若作是言我當滅度无
量衆生則不名菩薩何以故須菩提實无有
法名為菩薩是故佛說一切法无我无人无
衆生无壽者須菩提若菩薩作是言我當莊
嚴佛土是不名菩薩何以故如來說莊嚴佛
土者即非莊嚴是名莊嚴須菩提若菩薩通
達无我法者如來說名真是菩薩
須菩提於意云何如來有肉眼不如是世尊

須菩提於意云何如来有肉眼不如是世尊
如来有肉眼須菩提於意云何如来有天眼
不如是世尊如来有天眼須菩提於意云何
如来有慧眼不如是世尊如来有慧眼須菩
提於意云何如来有法眼不如是世尊如来
有法眼須菩提於意云何如来有佛眼不如
是世尊如来有佛眼須菩提於意云何恒河
中所有沙佛說是沙不如是世尊如来說是
沙須菩提於意云何如一恒河中所有沙有
如是等恒河是諸恒河所有沙數佛世界如
是寧為多不甚多世尊佛告須菩提尒所國
土中所有衆生若干種心如来悉知何以故
如来說諸心皆為非心是名為心所以者何
須菩提過去心不可得現在心不可得未来

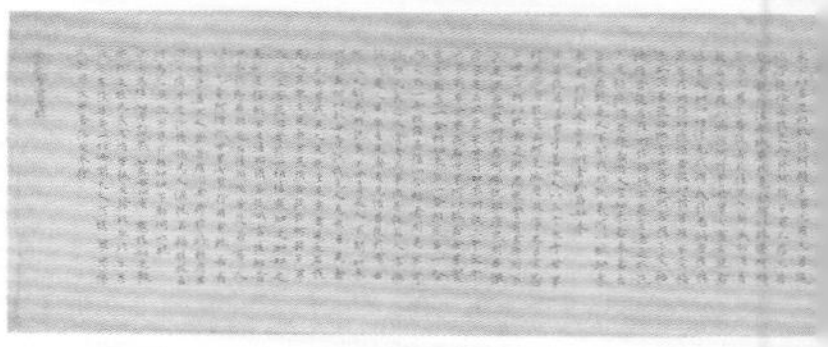

福多不如是世尊此人以是因緣得福甚多
須菩提若福德有實如來不說得福德多以
福德无故如來說得福德多
須菩提於意云何佛可以具足色身見不不
也世尊如來不應以具足色身見何以故如
來說具足色身即非具足色身是名具足色
身須菩提於意云何如來可以具足諸相見
不不也世尊如來不應以具足諸相見何以
故如來說諸相具足即非具足是名諸相具
足須菩提汝勿謂如來作是念我當有所說
法莫作是念何以故若人言如來有所說法
即為謗佛不能解我所說故須菩提說法者
无法可說是名說法
須菩提白佛言世尊佛得阿耨多羅三藐三
菩提為无所得耶如是如是須菩提我於阿

須菩提白佛言世尊佛得阿耨多羅三藐三
菩提為无所得耶如是如是須菩提我於阿
耨多羅三藐三菩提乃至无有少法可得是
名阿耨多羅三藐三菩提復次須菩提是法
平等无有高下是名阿耨多羅三藐三菩提
以无我无人无衆生无壽者脩一切善法則
得阿耨多羅三藐三菩提須菩提所言善法
者如來說非善法是名善法須菩提若三千
大千世界中所有諸須弥山王如是等七寶
聚有人持用布施若人以此般若波羅蜜經
乃至四句偈等受持讀誦為他人說於前福
德百分不及一百千万億分乃至筭數譬喻
所不能及須菩提於意云何汝等勿謂如來
作是念我當度衆生須菩提莫作是念何以

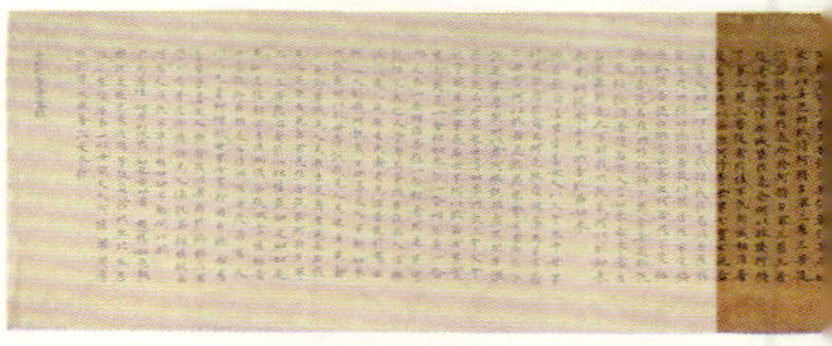

有我者則非有我而凡夫之人以為有我須
菩提凡夫者如來說則非凡夫
須菩提於意云何可以卅二相觀如來不須
菩提言如是如是以卅二相觀如來佛言須
菩提若以卅二相觀如來者轉輪聖王則是
如來須菩提白佛言世尊如我解佛所說義
不應以卅二相觀如來尒時世尊而說偈言
若以色見我　以音聲求我　是人行耶道　不能見如來
須菩提汝若作是念如來不以具足相故得
阿耨多羅三藐三菩提須菩提莫作是念如
來不以具足相故得阿耨多羅三藐三菩提
須菩提汝若作是念發阿耨多羅三藐三菩
提者說諸法斷滅莫作是念何以故發阿耨
多羅三藐三菩提者於法不說斷滅相須菩
提若菩薩以滿恒河沙等世界七寶布施若

BD00398　金剛般若波羅蜜經

多羅三藐三菩提者於法不說斷滅相須菩
提若菩薩以滿恒河沙等世界七寶布施若
復有人知一切法无我得成於忍此菩薩勝
前菩薩所得功德須菩提以諸菩薩不受福
德故須菩提白佛言世尊云何菩薩不受福
德須菩提菩薩所作福德不應貪著是故說
不受福德須菩提若有人言如來若來若去
若坐若卧是人不解我所說義何以故如来
来无所從来亦无所去故名如来
須菩提若善男子善女人以三千大千世界
碎為微塵於意云何是微塵衆寧為多不甚
多世尊何以故若是微塵衆實有者佛則不
說是微塵衆所以者何佛說微塵衆則非微
塵衆是名微塵衆世尊如来所說三千大千

相是名一合相須菩提一合相者則是不可
說但凡夫之人貪著其事須菩提若人言佛
說我見人見衆生見壽者見須菩提於意云
何是人解我所說義不世尊是人不解如來
所說義何以故世尊說我見人見衆生見壽
者見即非我見人見衆生見壽者見是名我
見人見衆生見壽者見須菩提發阿耨多羅
三藐三菩提心者於一切法應如是知如是
見如是信解不生法相須菩提所言法相者
如來說即非法相是名法相須菩提若有人
以滿无量阿僧祇世界七寶持用布施若有
善男子善女人發菩薩心者持於此經乃至
四句偈等受持讀誦為人演說其福勝彼云
何為人演說不取於相如如不動何以故
一切有為法 如夢幻泡影 如露亦如電 應作如是觀

一切有為法　如夢幻泡影　如露亦如電　應作如是觀
佛說是經已長老須菩提及諸比丘比丘尼
優婆塞優婆夷一切世間天人阿脩羅聞佛
所說皆大歡喜信受奉持

金剛般若波羅蜜經

BD00399A　大方廣佛華嚴經卷五七

（東晉）佛馱跋陀羅　譯

57cm × 26.2cm

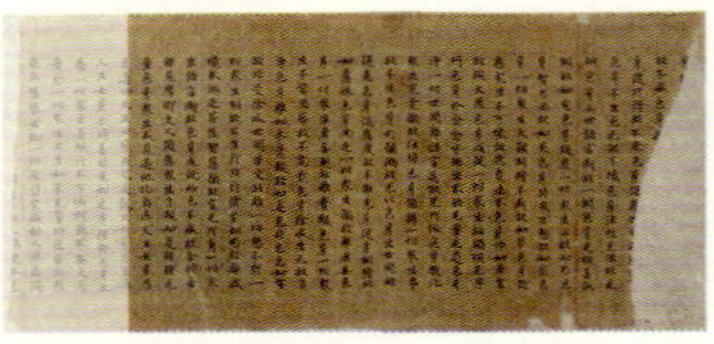

故不滅色身離
身隨所得故不欺色身隨應世間故
色身不生死死故不壞色身法性无壞故无
相色身三世語言斷故一相色身无相善說
相故如電色身隨應一切衆生心故如幻色
身智幻滿故如炎色身持衆生想故如影色
身一切衆生大願相續不斷故如夢色身隨
應衆生不可壞故究竟法界色身淨如虛空
故現大悲色身成就一切衆生故顯現无导
門色身於念念中滿法界故无量无邊色身

故不生色身如影現故无比色身出世間故
隨應色身隨應度故不離色身隨業相續故
如意珠色身滿足一切眾生願故離虛妄色
身一切眾生虛妄起故離覺觀色身一切眾
生不能思察故不究竟色身除滅生死故清
淨色身離如來覺觀故如是色非色色如電
故非受除滅世間苦受故離一切想分別一
切眾生相故出生行非行諸業如影故離識
境界滿足菩薩智慧願故空无所有一切眾
生語言斷故色身成就妙色不滅故尒時善
財見摩耶夫人隨應眾生示現如是種種无
量色身眾生或見過他化自在天王女身乃

量色身衆生或見過他化自在天王女身乃
至過四天王女身或見過龍王女身乃至過
人王女身尒時善財見如是等種種色身長
養一切衆生善根行不可壞檀波羅蜜大悲
普念一切衆生出生如來无量功德勇猛精
進求薩婆若知一切法皆寂滅相入深忍流
□清淨一切如來竟界□

BD00399B 金剛般若波羅蜜經

（後秦）鳩摩羅什 譯

355.7cm × 26.7cm

菩提言甚多世尊何以故是福德即非福德
性是故如来説福德多若復有人於此經中
受持乃至四句偈等為他人説其福勝彼何
以故須菩提一切諸佛及諸佛阿耨多羅三
藐三菩提法皆從此經出須菩提所謂佛
法者即非佛法
須菩提於意云何須陁洹能作是念我得
須陁洹果不須菩提言不也世尊何以故須
陁洹名為入流而无所入不入色聲香味觸
法是名須陁洹須菩提於意云何斯陁含能
作是念我得斯陁含果不須菩提言不也
世尊何以故斯陁含名一往来而實无往来

作是念我得阿那含果不須菩提言不也世
尊何以故阿那含名為不來而實无來是故
名阿那含須菩提於意云何阿羅漢能作
是念我得阿羅漢道不須菩提言不也世
尊何以故實无有法名阿羅漢世尊若阿羅
漢作是念我得阿羅漢道即為著我人衆生
壽者世尊佛説我得无諍三昧人中最為第
一是第一離欲阿羅漢我不作是念我是離欲
阿羅漢世尊我若作是念我得阿羅漢道
世尊則不説須菩提是樂阿蘭那行者以
須菩提實无所行而名須菩提是樂阿蘭那
行
佛告須菩提於意云何如來昔在然燈佛所

BD00399B　金剛般若波羅蜜經

行
佛告須菩提於意云何如來昔在然燈佛所
於法有所得不世尊如來在然燈佛所於法
實无所得須菩提於意云何菩薩莊嚴佛
土不不也世尊何以故莊嚴佛土者則非莊
嚴是名莊嚴是故須菩提諸菩薩摩訶薩
應如是生清淨心不應住色生心不應住聲香
味觸法生心應无所住而生其心須菩提譬如
有人身如須弥山王於意云何是身為大不須
菩提言甚大世尊何以故佛說非身是名大
身須菩提如恒河中所有沙數如是沙等
恒河於意云何是諸恒河沙寧為多不須
菩提言甚多世尊但諸恒河尚多无數何況
其沙須菩提我今實言告汝若有善男

善女人以七寶滿爾所恒河沙數三千大千世界
以用布施得福多不須菩提言甚多世尊佛
告須菩提若善男子善女人於此經中乃至
受持四句偈等為他人說而此福德勝前福
德復次須菩提隨說是經乃至四句偈等當
知此處一切世間天人阿脩羅皆應供養如佛
塔廟何況有人盡能受持讀誦須菩提當
知是人成就最上第一希有之法若是經典
所在之處則為有佛若尊重弟子
爾時須菩提白佛言世尊當何名此經我等
云何奉持佛告須菩提是經名為金剛般若
波羅蜜以是名字汝當奉持所以者何須菩
提佛說般若波羅蜜則非般若波羅蜜須菩
提於意云何如來有所說法不須菩提白佛

BD00399B　金剛般若波羅蜜經

提佛說般若波羅蜜則非般若波羅蜜須菩
提於意云何如來有所說法不須菩提白佛
言世尊如來无所說須菩提於意云何三千大
千世界所有微塵是為多不須菩提言甚多
世尊須菩提諸微塵如來說非微塵是名
微塵如來說世界非世界是名世界須菩提
於意云何可以三十二相見如來不不也世尊
不可以三十二相得見如來何以故如來說三
十二相即是非相是名三十二相須菩提若有
善男子善女人以恒河沙等身命布施若
復有人於此經中乃至受持四句偈等為他
人說其福甚多
尒時須菩提聞說是經深解義趣涕淚悲泣

我從昔來所得慧眼未曾得聞如是之經
尊世尊若復有人得聞是經信心清淨則生實
相當知是人成就第一希有功德世尊是實
相者則是非相是故如來說名實相世尊我今
得聞如是經典信解受持不足為難若當來
世後五百歲其有眾生得聞是經信解受持
是人則為第一希有何以故此人无我相人相
眾生相壽者相所以者何我相即是非相人
相眾生相壽者相即是非相何以故離一切
諸相則名諸佛
佛告須菩提如是如是若復有人得聞是
經不驚不怖不畏當知是人甚為希有何以
故須菩提如來說第一波羅蜜非第一波羅

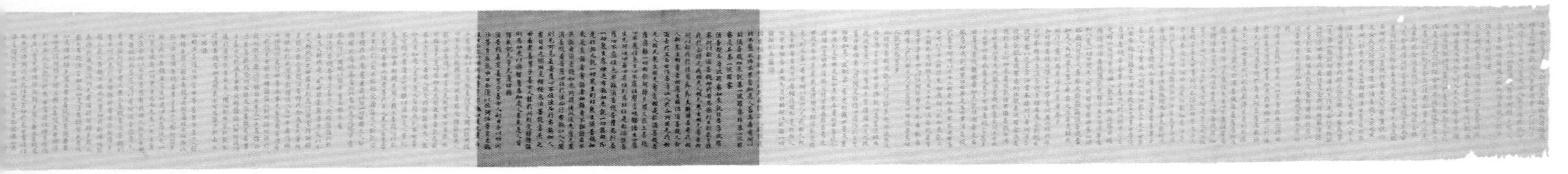

佛告須菩提如是如是若復有人得聞是
經不驚不怖不畏當知是人甚為希有何以
故須菩提如来說第一波羅蜜非第一波羅
蜜是名第一波羅蜜
須菩提忍辱波羅蜜如来說非忍辱波羅
蜜何以故須菩提如我昔為歌利王割截身體
我於尒時无我相无人相无衆生相无壽者相
何以故我於往昔節節支解時若有我相
人相衆生相壽者相應生瞋恨須菩提又念
過去於五百世作忍辱仙人於尒所世无我相
无人相无衆生相无壽者相是故須菩提菩
薩應離一切相發阿耨多羅三藐三菩提
心不應住色生心不應住聲香味觸法生心應
生无所住心若心有住則為非住是故佛說

一切衆生應如是布施如來說一切諸相即
是非相又說一切衆生則非衆生須菩提如
來是真語者實語者如語者不誑語者不
異語者須菩提如來所得法此法无實无虛
須菩提若菩薩心住於法而行布施如人入闇
則无所見若菩薩心不住法而行布施如人
有目日光明照見種種色須菩提當來之
世若有善男子善女人能於此經受持讀誦
則為如來以佛智慧悉知是人悉見是人皆
得成就无量无邊功德
須菩提若有善男子善女人初日分以恒河
沙等身布施中日分復以恒河沙等身布施
後日分亦以恒河沙等身布施如是无量百

須菩提若有善男子善女人初日分以恒河
沙等身布施中日分復以恒河沙等身布施
後日分亦以恒河沙等身布施如是无量百
千萬億劫以身布施若復有人聞此經典信
心不逆其福勝彼何況書寫受持讀誦為人
解說須菩提以要言之是經有不可思議不
可稱量无邊功德如來為發大乘者說為發
最上乘者說若有人能受持讀誦廣為人說
如來悉知是人悉見是人皆得成就不可量
不可稱无有邊不可思議功德如是人等則
為荷擔如來阿耨多羅三藐三菩提何以故
須菩提若樂小法者著我見人見衆生見壽
者見則於此經不能聽受讀誦為人解說須
菩提在在處處若有此經一切世間天人阿

修羅所應供養當知此處則為是塔皆應
恭敬作礼圍繞以諸華香而散其處
復次須菩提善男子善女人受持讀誦此經
若為人輕賤是人先世罪業應墮惡道以今
世人輕賤故先世罪業則為消滅當得阿耨
多羅三藐三菩提須菩提我念過去无量阿
僧祇劫於然燈佛前得值八百四千萬億那
由他諸佛悉皆供養承事无空過者若復有
人於後末世能受持讀誦此經所得功德於
我所供養諸佛功德百分不及一千萬億分
乃至筭數譬喻所不能及須菩提若善男
子善女人於後末世有受持讀誦此經所得功
德我若具說者或有人聞心則狂亂狐疑不
信須菩提當知是經義不可思議果報亦不

BD00399B　金剛般若波羅蜜經

子善女人於後末世有受持讀誦此經所得功
德我若具說者或有人聞心則狂亂狐疑不
信須菩提當知是經義不可思議果報亦不
可思議
尒時須菩提白佛言世尊善男子善女人發
阿耨多羅三藐三菩提心云何應住云何降伏
其心佛告須菩提善男子善女人發阿耨多
羅三藐三菩提者當生如是心我應滅度一
切衆生滅度一切衆生已而无有一衆生實
滅度者何以故若菩薩有我相人相衆生相
壽者相則非菩薩所以者何須菩提實无
有法發阿耨多羅三藐三菩提者須菩提於
意云何如來於然燈佛所有法得阿耨多
羅三藐三菩提不不也世尊如我解佛所說

義佛於然燈佛所无有法得阿耨多羅三
藐三菩提佛言如是如是須菩提實无有法
如来得阿耨多羅三藐三菩提須菩提若有
法如来得阿耨多羅三藐三菩提者然燈佛
則不與我受記汝於来世當得作佛号釋迦
牟尼以實无有法得阿耨多羅三藐三菩提是
故然燈佛與我受記作是言汝於来世當得作
佛号釋迦牟尼何以故如来者即諸法如義
若有人言如来得阿耨多羅三藐三菩提須
菩提實无有法佛得阿耨多羅三藐三菩提
須菩提如来所得阿耨多羅三藐三菩提於
是中无實无虚是故如来說一切法皆是佛
法須菩提所言一切法者即非一切法是故名

BD00399B　金剛般若波羅蜜經

法須菩提所言一切法者即非一切法是故名
一切法須菩提譬如人身長大須菩提言世
尊如来説人身長大則為非大身是名大身
須菩提菩薩亦如是若作是言我當滅度无
量衆生則不名菩薩何以故須菩提實无
有法名為菩薩是故佛説一切法无我无人
无衆生无壽者須菩提若菩薩作是言我
當莊嚴佛土是不名菩薩何以故如来説莊
嚴佛土者即非莊嚴是名莊嚴須菩提若
菩薩通達无我法者如来説名真是菩薩
須菩提於意云何如来有肉眼不如是世尊
如来有肉眼須菩提於意云何如来有天眼
不如是世尊如来有天眼須菩提於意云何

如來有慧眼不如是世尊如來有慧眼須菩
提於意云何如來有法眼不如是世尊如來
有法眼須菩提於意云何如來有佛眼不如
是世尊如來有佛眼須菩提於意云何恒河
中所有沙佛說是沙不如是世尊如來說是
沙須菩提於意云何如一恒河中所有沙有
如是等恒河是諸恒河所有沙數佛世界如
是寧為多不甚多世尊佛告須菩提尒所國
土中所有衆生若干種心如來悉知何以故如
來說諸心皆為非心是名為心所以者何須
菩提過去心不可得現在心不可得未來心
不可得須菩提於意云何若有人滿三千大
千世界七寶以用布施是人以是因緣得福

不可得須菩提於意云何若有人滿三千大
千世界七寶以用布施是人以是因緣得福
多不如是世尊此人以是因緣得福甚多須
菩提若福德有實如來不說得福德多以
福德无故如來說得福德多
須菩提於意云何佛可以具足色身見不不
也世尊如來不應以具足色身見何以故如
來說具足色身即非具足色身是名具足色
身須菩提於意云何如來可以具足諸相見
不不也世尊如來不應以具足諸見相何以故
如來說諸相具足即非具足是名諸相具足須
菩提汝勿謂如來作是念我當有所說法莫
作是念何以故若人言如來有所說法即為
謗佛不能解我所說故須菩提說法者无法

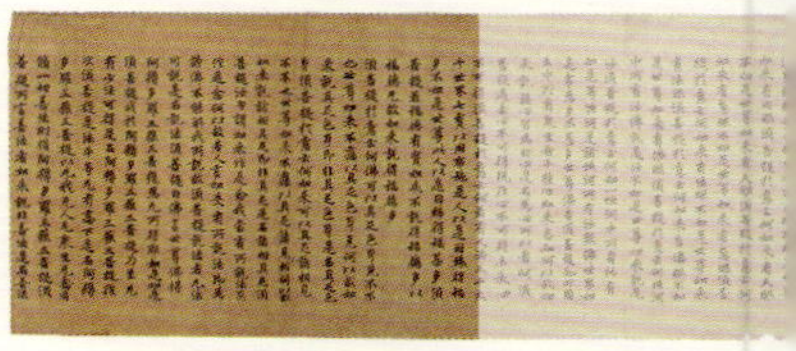

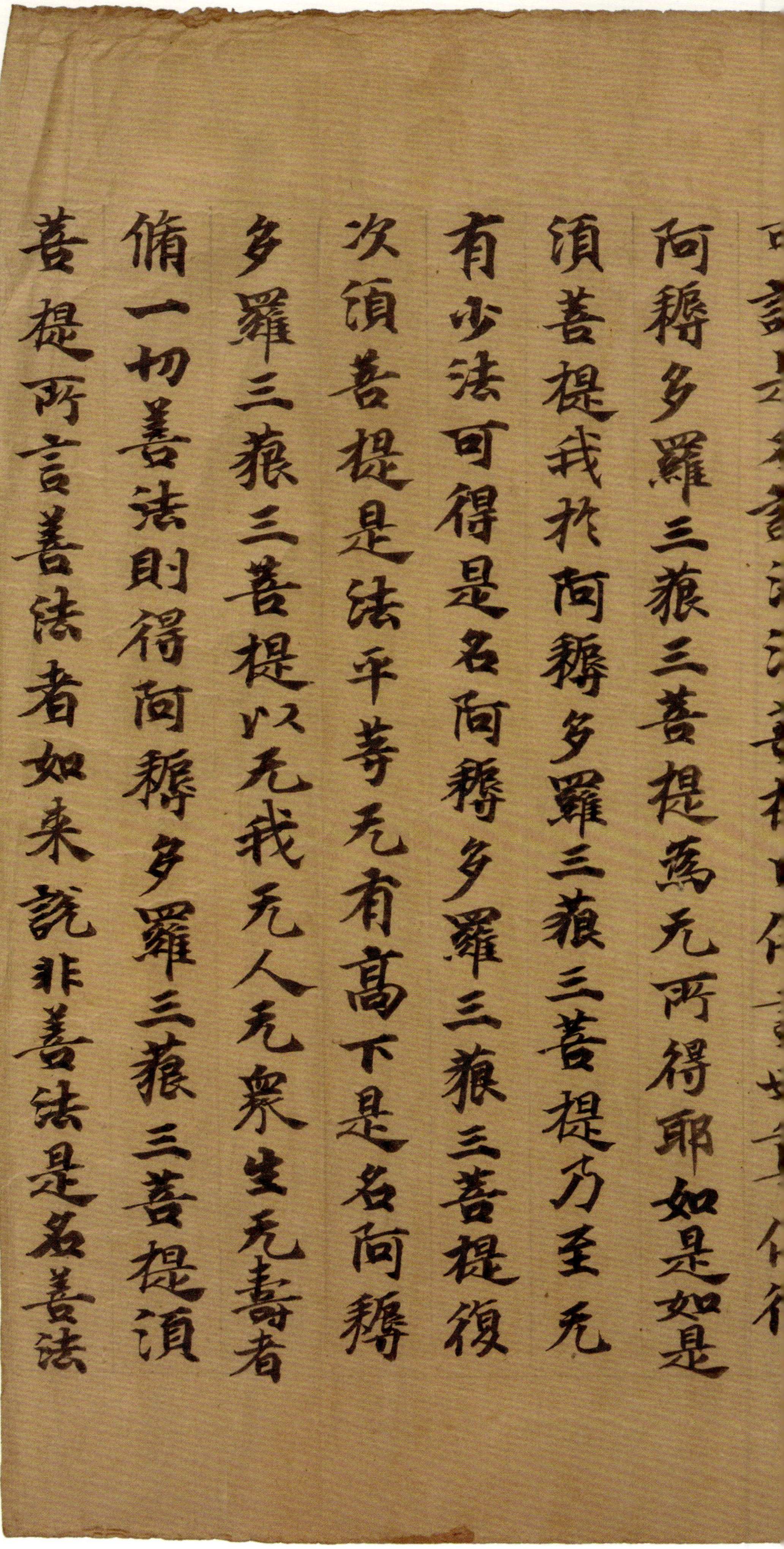

阿耨多羅三藐三菩提為无所得耶如是如是
須菩提我於阿耨多羅三藐三菩提乃至无
有少法可得是名阿耨多羅三藐三菩提復
次須菩提是法平等无有高下是名阿耨
多羅三藐三菩提以无我无人无衆生无壽者
脩一切善法則得阿耨多羅三藐三菩提須
菩提所言善法者如來說非善法是名善法

BD00399B　金剛般若波羅蜜經

BD00400 佛名經（十六卷本）卷一二

1089.4cm × 30cm

王經　南无

南无阿闍世王經　南无阿閦佛經

南无德光太子經　南无小阿闍經

南无阿陁三昧經　南无胞藏經

南无阿鳩留經　南无漸備一切智經

南无菩薩悔過經　南无阿闍世女經

南无曉所諍不解者經　南无菩薩十遍和經

南无阿拔經　南无惡人經

南无菩薩等行分然國經

南无阿毗曇九十八結經

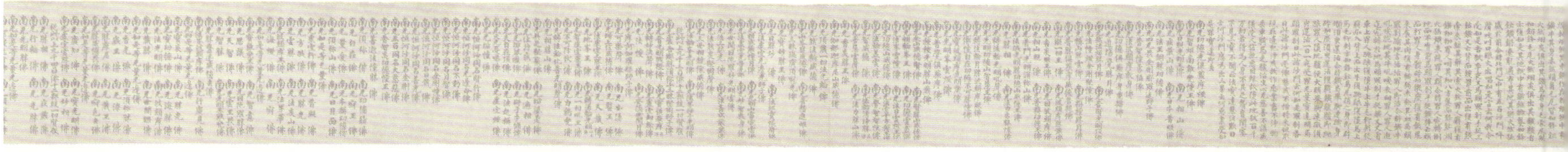

南无趣度世道經　南无惟越經

次礼十方諸大菩薩

南无文殊師利菩薩摩訶薩

南无觀世音菩薩　南无大勢至菩薩

南无普賢菩薩　南无龍勝菩薩

南无龍德菩薩　南无勝成就菩薩

南无勝藏菩薩　南无波頭勝菩薩

南无成就有菩薩　南无地持菩薩

南无寶掌菩薩　南无寶印手菩薩

南无師子意菩薩　南无虛空藏菩薩

南无師子奮迅吼聲菩薩

南无師子奮迅吼聲菩薩

南无發心即轉法輪菩薩

從此以上九千二百佛十二部經一切賢聖

南无一切聲差別樂說菩薩

南无山樂說菩薩　南无大海音菩薩

南无大山菩薩　南无愛見菩薩

南无歡喜王菩薩　南无无邊觀菩薩

次礼聲聞緣覺一切賢聖

南无善快辟支佛　南无違陁辟支佛

南无吉沙辟支佛　南无憂波吉沙辟支佛

南无斷有辟支佛　南无憂波支羅辟支佛

南无盡愛辟支佛　南无施婆羅辟支佛
南无轉覺辟支佛　南无吉垢辟支佛
南无高去辟支佛　南无阿恚多辟支佛
歸命如是等无量无邊辟支佛
礼三寶已次復懺悔
已懺地獄報竟今當復次懺悔三惡道
報經中佛說多欲之人多求利故苦惱
亦多知足之人雖卧地上猶以為樂不知
足者雖處天堂猶不稱意但世間人忽
有急難便能捨財不計多少而不知
此身臨於三塗深坑之上一息不還便應

有急難便能捨財不計多少而不知
此身臨於三塗深坑之上一息不還便應
墮落忽有知識營功福德令脩未來善
法資粮執此慳心无肯作理夫如此者
極為愚惑何以故尒經中佛說生時不
賷一文而來死亦不持一文而去昔身積
聚為之憂惱於已无益徒為他有无善
可恃无德可怙致使命終墮諸惡道是
故弟子等今日稽顙懇到歸依於佛
南无東方大光耀佛　南无南方虛空住佛
南无西方金剛步佛　南无北方光盡力佛

南无東南方无邊王佛　南无西南方壞諸怨佛
南无西北方離垢光佛　南无東北方金色光音佛
南无下方師子遊戲佛　南无上方月幢王佛
如是十方盡虚空界一切三寶
弟子今日次復懺悔畜生道中无所識知
罪報懺悔畜生道中負重牽犁償他宿
債罪報懺悔畜生道中不得自在為他
斫刺屠割罪報懺悔畜生无足二足四足
多足之罪報懺悔畜生道中身諸毛羽
鱗甲之内為諸小虫之所唼食罪報如是
畜生道中有无量罪報今日至誠皆悉

畜生道中有无量罪報今日至誠皆悉
懺悔　　次復懺悔餓鬼道中長
飢罪報懺悔餓鬼百千万歲初不曾
聞漿水之名罪報懺悔餓鬼食噉膿
血糞穢罪報懺悔餓鬼動身之時一切
支節火然罪報懺悔餓鬼腹大咽小
罪報如是餓鬼道中无量苦報今日稽
顙皆悉懺悔
次復一切鬼神脩羅道中諂誑詐稱罪
報懺悔鬼神道中擔沙負石填河塞海
罪報懺悔鬼羅剎鳩槃荼諸惡鬼神生

噉此肉受山醜陋罪報如是鬼神道中
无量无邊一切罪報今日稽顙向十方佛
大地菩薩求哀懺悔悉令消滅
願弟子等承是懺悔畜生等報所生功
德生生世世滅愚癡垢自識業緣智慧
明照斷惡道身願以懺悔餓鬼等報所
生功德生生世世永離慳貪飢餓之苦
常食甘露解脫之味願以懺悔鬼神脩
羅等報所生功德生生世世質直无諂
離邪命因除醜陋果福利人天願弟子
等從今以去乃至道場決定不受四惡

等從今以去乃至道場決定不受四惡
道報唯除大悲為衆生故以誓願力處
之无猒 礼一拜
此經有六十品略此一品流行
佛言云何菩提樹華悉皆墮落其華
光色不如於常一切大衆皆生疑惑唯
願天尊為我解説令此衆中諸坐大士
疑惑悉除尒時世尊從三昧起光顏巍
巍舉身毛孔皆悉出光語寶達菩薩
言汝等善聽今為汝説所以菩提樹華
墮落失光皆何由上所説沙門行惡墮皆

處受罪无殃是故菩提樹花失光墮落
寶達前白佛言唯願爲我說此惡行沙
門果報之處佛告寶達菩薩東方乃有
鐵圍大山其山中間幽冥之處日月光明
及以火光所不能照名曰地獄其獄之中有
惡沙門受如是罪汝可往詣問諸罪人云
何因緣來生此處脩何等行受如是罪寶
達白佛言世尊我无威神何能往詣願佛
大悲垂神顧念乃使我等得見東方阿
鼻地獄佛言善哉善哉汝今但往令汝得
見寶達菩薩礼佛而去龍飛虛空俳佪

見寶達菩薩礼佛而去龍飛虛空徘徊
自在當尒之時大地震動於虛空中雨寶
蓮華飛流而下尒時寶達一念之頃往
詣東方鐵圍山間其山崦𡺁幽冥高峻其
山四方了无草木日月威光都不能照寶達
前俠道兩邊有卅六王典主地獄其王
名曰恒伽嘌王波吉頭王廣目都王安頭羅
王帝目見王陽聲吉王大諍訟王吸血鬼
王安得羅王陁達王達多羅王吉梨善
王安侯羅王寶首王金樹吉王大惡聲
王鳥頭王等帝眼王等鳥牙王等震聲

王等烏首王依首王見首王虎女王虎
定王王頭王立正王立見王摩尼羅王都
曹王部見王惡目王善王龍口王鬼王南
安王等卅六王遥見寶達菩薩悲皆叉
手合掌前行作礼白言大智尊王云何
因入此苦處亦如栴檀在伊蘭而生寶
達荅曰我聞如来三界人尊說言東方
有鐵圍山其山幽冥日月之光所不能照
我故聞之故来詣汝諸王前入地獄行諸
罪人汝等諸王誰能共我往詣大王前見
罪人受苦之者尒時恒伽嗏王即便与寶

罪人受苦之者尒時恒伽嗏王即便与寶
達菩薩往詣大王尒時大鬼王遥見寶
達菩薩從門而来光顔從容即便下坐
往前礼敬白言大士今此惡處云何佐我
伊蘭林中忽生栴檀尒時寶達便前
就以問鬼王曰今此東方地獄可有幾
獄鬼王荅言此山之中有无量地獄今
此一方有卅二沙門地獄寶達問曰卅二
地獄其名云何鬼王荅曰鐵車鐵馬鐵
牛鐵驢地獄鐵衣地獄洋銅灌口地獄
流犬也鐵截木也鐵更田也鐵所首也

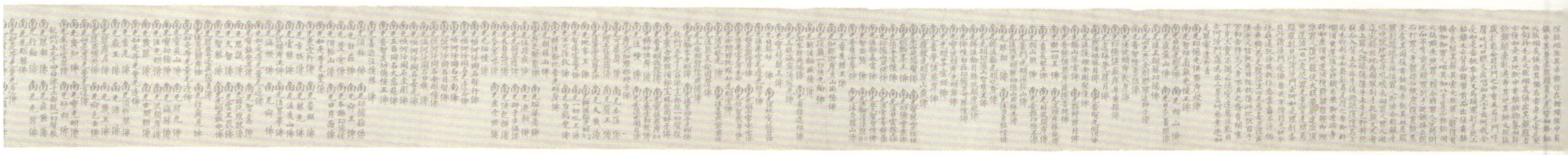

獄燒脚地獄鐵鉢地獄飲鐵珠地獄
飛刀地獄火箭地獄䐔肉地獄身然地
獄火丸仰口地獄諍論地獄雨火地獄
糞屎地獄鉤陰地獄火鳥地獄咩聲
咬叩地獄諸鏃鑵地獄崩埋地獄然手
脚地獄銅狗鋸牙地獄剥皮飲血地獄
觧身地獄鐵屋地獄鐵山地獄飛火交
叫分頭地獄尒時鬼王荅寶達曰地獄受
罪其名如是寶達即便入地獄中上
高樓頭四顧望視見罪人等各從四門
咬叫而入寶達前入鐵車鐵馬鐵牛鐵

咬吚而入寶達前入鐵車鐵馬鐵牛鐵
驢此四小獄并爲一地獄云何名曰鐵車
鐵馬鐵牛鐵驢地獄此地獄方圓縱
廣十五由旬其中鐵城高一由旬猛火
煇赫烟然其車鐵作炎赫熾然中有
鐵牛其身亦然頭角毛尾皆如鋒鉅
火然烟炎俱出其鐵馬者身毛冡尾鬣
如釗鋒毛尾火然烟炎俱出其鐵驢者
亦復如是其地獄中有鐵鏃鏙鍪如鋒
鉦鐵鏘遼亂遍布其地其鏘火然猛
熾然前分時七門之中有五百沙門羊

聲吼叫口眼火出唱如是言云何我今
受如是苦獄卒夜叉馬頭羅剎手捉三
鈷鐵叉云背而鐘胷前而出復有鐵
索來繫其髀其索火然罪人髀復有
鐵枷枷罪人咽其枷八方彂而鋒鋩焰
火猛熾來燒罪人頸尒時罪人宛轉倒
地而不肯前馬頭羅剎手捉鐵棒〻頭
而打罪人身體碎如微塵復有餓鬼
來食其肉復有餓狗來飲其血馬頭
羅剎蹋地言活活罪人即活尒時鐵牛
吼喚蹴地其牛吼喚來向罪人罪人迫

吼喚跪地其牛吼喚来向罪人罪人迫
迮宛轉於地馬頭羅刹手提鐵叉叉着
車上罪人跳踉復墮牛上牛毛仰刺從
腹而入背上而出牛復跳踉復墮馬上
馬毛仰刺亦如鋒釘馬尾梢之身即碎
爛須臾還活尒時鐵馬舉脚連蹹身
碎如塵須臾還活復騎鐵驢驢即跳
踉罪人墮地驢便大瞋舉脚連蹴須
臾還活一日一夜受罪无量寶達問馬
頭羅刹曰此諸沙門云何如是羅刹荅
曰此諸沙門受佛禁戒不惜將来但取

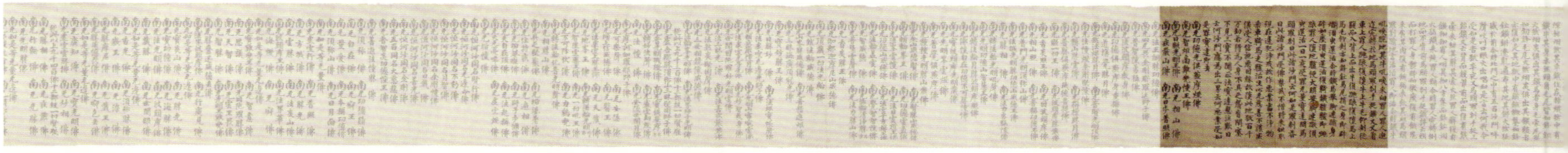

現在違犯淨戒故作惡業畜不淨物
乘車騎馬走驢治生心无慈善不讓威
儀受人信施惡因緣故墮此地獄百千
万劫若得為人身不具足聾盲閉塞
不見三寶不聞正法寶達悲泣歎曰
云何沙門應為出三界云何惡業受如
是罪寶達即去
南无切德光俱蘇摩燈佛
南无智炬商雞兜幢王佛
南无日照光明王佛　南无相山佛
南无莊嚴山佛　南无日步普照佛

南无[illegible]佛　南无[illegible]佛

南无莊嚴山佛　南无日步普照佛

南无法王網勝功德佛

南无四无畏金剛那羅延師子佛

南无普智幢勇猛佛

南无法波頭摩敷身佛

南无功德俱蘓摩身重擔佛

南无道場覺勝月佛

南无然法炬勝月佛　南无普賢光明頂佛

南无法幢燈金剛堅幢佛

南无彌山勝雲佛　南无栴檀勝月佛

南无普[illegible]具蘓摩威德菩提佛

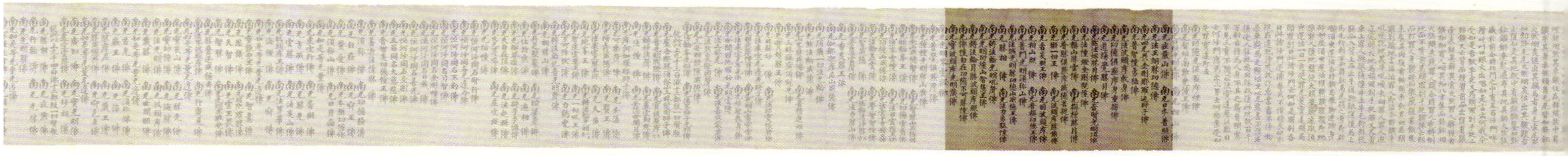

南无照一切王佛　南无波頭摩勝藏佛

南无香炎照王佛　南无回波頭摩佛

南无相山照佛　南无普稱功德王佛

南无普門光明須弥山佛

南无法城光明勝功德山威德王佛

南无勝相佛　南无法力勇猛幢佛

南无轉法輪光明吼聲佛

南无光明功德山智慧王佛

南无轉法輪月勝波頭摩照佛

南无佛幢自在功德不可勝幢佛

南无寶波頭摩光明藏佛

南无[illegible]

南无寶波頭摩光明藏佛
南无光明峯雲燈佛
南无普覺俱蘇摩佛
南无種種光明勝山藏佛
南无金山威德賢佛
南无明輪峯王佛
南无法峯雲幢佛
南无功德山威德佛
南无法輪蓋雲佛
南无智威德佛
南无普慧雲讃佛

南无賢勝山威德佛
南无功德雲蓋佛
南无法日雲燈王佛
南无法雲十方稱王佛
南无覺智智幢佛
南无法輪清淨勝月佛
南无法力勝山佛

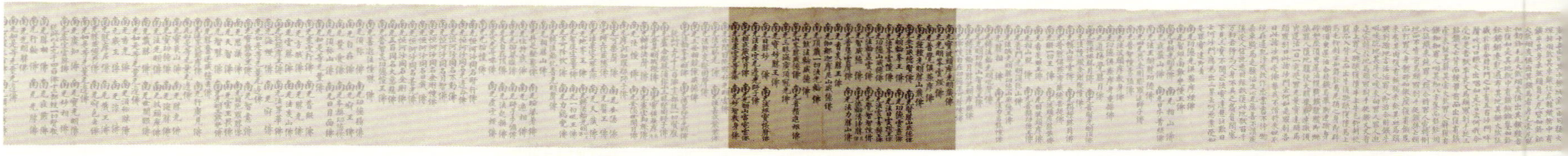

南无香炎勝王佛
南无伽那迦摩尼山威德佛
南无頂藏一切法光輪佛
南无然法輪威德佛
南无山峯勝威德佛
南无普精進炬佛
南无三昧海廣頂冠光佛
南无寶妙勝王佛
南无日勝妙佛
南无法炬寶帳聲佛
南无法虛空无邊光師子佛
南无相莊嚴幢月佛
南无光明山雷電雲佛
南无法虛空无㝵光佛
南无妙智敷身佛

南无法虛空无㝵光佛　南无妙智敷身佛
南无世間目陁羅妙光明雲佛
南无法三昧光　佛　南无法善莊嚴藏佛
南无法然炎堅固聲佛
南无三世相鏡像威德佛
南无法輪峯光明佛　南无法界師子光明佛
從此以上九千三百佛十二部經一切賢聖
南无盧舍那勝須弥山三昧堅固師子佛
南无普光明城燈佛　南无寶俱蘇摩藏佛
南无轉妙法聲　佛　南无盧空劫燈佛
南无法幢　佛　南无安隱世間月佛

南无摩訶伽羅那師子佛

南无可樂聲佛　南无安隱佛

南无增上信威德佛　南无醫王佛

南无法虛空上勝王佛　南无天藏佛

南无地峯王佛　南无轉法輪光明吼王佛

南无智虛空藥王佛　南无一切吼王佛

南无不可降伏佛　南无力鷄兜佛

南无轉法輪化普光明聲佛

南无相勝山佛

南无具足堅聚佛　南无垢婆羌佛

南无住持疾佛　南无遍相佛

南无住持疾佛　南无遍相佛
南无无垢婆睺佛　南无師子步脩佛
南无天自在頂佛　南无法起稱佛
南无火无憂嘇佛　南无虛空燈佛
南无无垢幢佛
南无恒河沙同名賢行佛
南无恒河沙同名无邊命佛
南无恒河沙同名不動佛
南无恒河沙同名月智佛
南无恒河沙同名金剛幢佛
南无恒河沙同名日藏佛

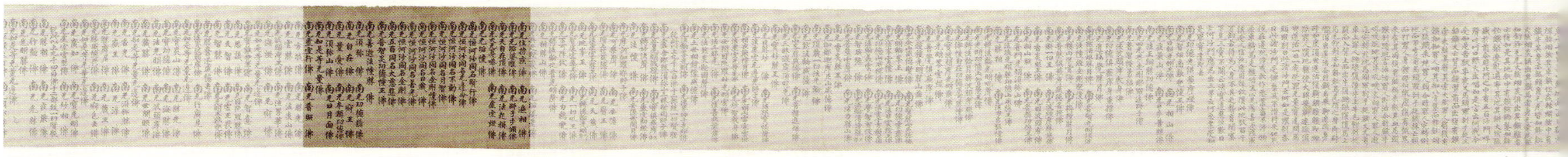

南无恒河沙同名善光佛
南无恒河沙同名金剛佛
南无五百同名大慈悲佛
南无普智炎功德幢王佛
南无善逝法幢勝 佛
南无須弥 佛 南无功德顯佛
南无自在佛 南无寂王佛
南无量愛佛 南无本稱功德佛
南无須弥山佛 南无日月面佛
南无如是等无量佛
南无虚空行佛 南无普照 佛

南无虚空行佛　南无普照佛
南无方城佛　南无勝光佛
南无雲勝佛　南无法炎山佛
南无波頭摩王佛　南无法界華佛
南无海燈佛　南无寶佛
南无如是等无量无邊佛
南无寶雞兜王佛　南无智意佛
南无思議佛　南无因陁羅勝佛
南无天智佛　南无雲王畏佛
南无智勝佛　南无光明王雞兜佛
南无勝奮迅威德去佛

南无法界波頭摩佛　南无行廣見佛

南无如是等无量无邊佛

南无寶炎山佛　南无勝光佛

南无寶功德佛　南无海勝佛

南无法光明佛　南无波頭摩佛

南无藏勝佛　南无世間眼佛

南无如是等无量无邊佛

南无香光佛　南无須弥勝佛

南无嶽王佛　南无滌佛

南无勝摩尼佛　南无藏王佛

南无勝威德畏佛　南无窮色去佛

南无勝威德畏佛　南无寄色去佛
南无如是等无量无邊佛
南无廣知佛　南无寶光明佛
南无虛空雲勝佛　南无妙相佛
從此以上九千四百佛十二部經一切賢聖
南无勝相佛　南无莊嚴佛
南无行輪佛　南无光勝佛
南无光明勝佛
南无如是等无量无邊佛
南无那羅延行佛　南无須彌勝佛
南无功德輪佛　南无勝王佛

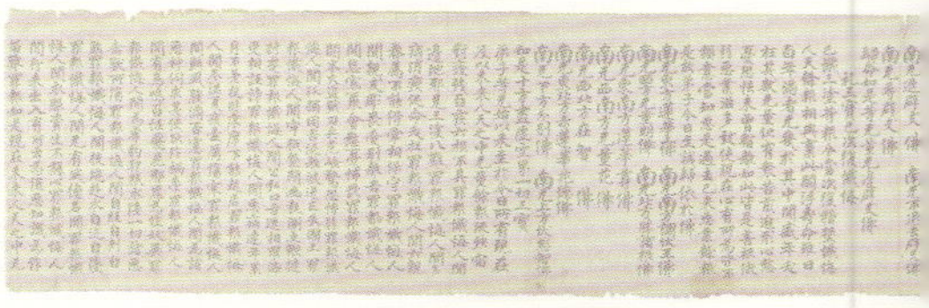

南无不可降伏佛　南无山王檀佛
南无如是等无量无邊佛
南无娑羅自在王佛　南无勝藏佛
南无世間自在身佛　南无鏡像光明佛
南无地出佛　南无光明功德佛
南无金剛色佛　南无住持威德勝佛
南无如是等无量无邊佛
南无深法光明身佛　南无法海吼聲佛
南无弥留幢勝光明意佛
南无寶光明勝佛　南无梵光佛
南无虛空聲佛　南无法界鏡像勝佛

南无虚空聲佛　南无法界鏡像勝佛
南无輪光明佛　南无智光高雞兜意佛
南无伽伽那燈佛
南无樂勝照佛　南无功德光明勝佛
南无寂勝佛　南无大悲速疾佛
南无地力光明意佛　南无一切脩面色佛
南无勝身光明佛　南无法勝宿佛
南无阿尼羅速行佛　南无清淨幢蓋勝佛
南无三世鏡像佛　南无願海樂說勝佛
南无慙愧須弥山勝佛　南无念雞兜王勝佛
南无法意佛　南无慧燈佛

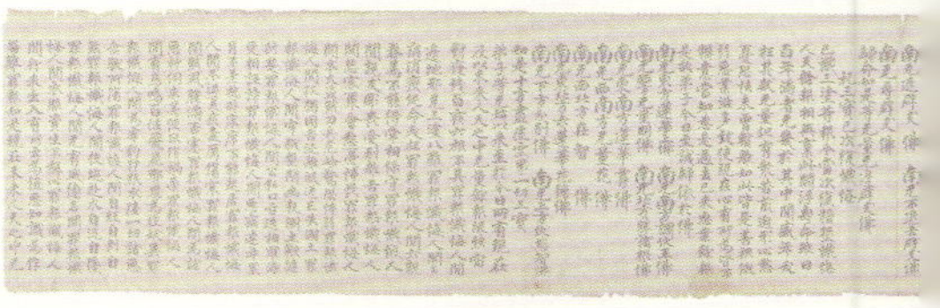

南无光雞兜勝佛　南无廣智佛
南无法界行智意佛　南无法海意智勝佛
南无法寶勝佛　南无功德輪佛
南无勝雲佛　南无忍辱燈佛
南无勝威德意佛
南无速光明賒摩他聲佛
南无寂幢佛　南无世間燈佛
南无大願勝佛
南无不可降伏幢佛　南无智炎勝功德佛
南无法自在佛　南无无㝵意佛
南无世間言語堅固吼光佛

南无世間言語堅固吼光佛
南无一切聲分吼勝精進自在佛
南无具足意佛　南无諸方天佛
南无現面世門佛
南无知衆生心平等身佛
南无寂勝佛　南无行佛行佛
南无清淨身佛　南无勝賢佛
南无如是等上首不可說无量无邊佛
南无彼諸佛所說妙法南无彼佛妙法身
南无彼佛三十二相八十種好无量无邊
功德南无彼佛種種道場菩提樹種

種形像種種妙塔去来生卧妙處歸
命彼諸佛不退法輪菩薩大衆不退
聲聞僧比丘比丘尼優婆塞優婆夷
天龍夜叉乾闥婆阿脩羅迦樓羅緊
那羅摩睺羅伽種種狀貌信如来法
輪轉如来法輪不可思議菩薩摩訶
薩悉皆歸命歸命如来法身十力四无
畏戒定慧解脫解脫知見如是等无
量无邊功德如是功德迴施一切衆生
願得阿耨多羅三藐三菩提舍利弗有
善眼劫中有七十那由他佛出世

善眼劫中有七十那由他佛出世
舍利弗善見劫中有七十二億佛出世
舍利弗梵讚歎劫中有一万八千佛出世
舍利弗名過去劫中有三十二千佛出世
舍利弗莊嚴劫中有八万四千佛出世
舍利弗應當歸命如是等无量无邊佛
舍利弗善男子善女人欲滅一切罪當應
淨洗浴著新淨衣稱如是等佛名礼拜
應作是言我无始世界來身口意業作
不善行乃至謗方等經五逆罪等願皆消滅
舍利弗善男子善女人欲滿足波羅蜜行

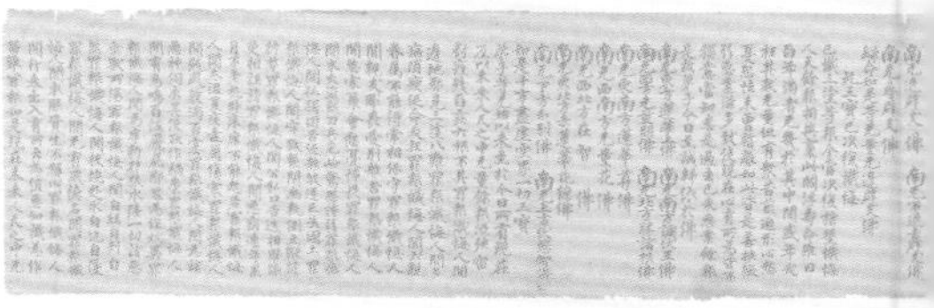

欲迴向无上菩提欲滿足一切菩薩諸波羅
蜜應作是言我學過去未来現在菩薩
摩訶薩脩行大捨破匈出心施於衆生
如智勝菩薩及迦尸王等
捨妻子等布施貧乏如不退菩薩及阿
翅那羅王須達拏及莊嚴王等入於地
獄救苦衆生如大悲菩薩及善眼天子等
救惡行衆生如善行菩薩及勝行王等
捨頂上寶天冠并剥頭皮而與如勝上身
菩薩及寶髻天子等
捨眼如愛作菩薩及月光王等

菩薩及寶髻天子等
捨眼如愛作菩薩及月光王等
捨耳鼻如无怨菩薩及勝去天子等
捨齒如華齒菩薩及六牙鳥王等
捨不退菩薩及善面王等
捨手如常精進菩薩及堅意王等
捨血如法作菩薩及月愚天子等
捨肉髓如安隱菩薩及一切施王等
捨大腸小腸肝肺脾腎如善德菩薩
及自遠離諸惡王等
捨身一切大小支節如法自在菩薩及光
勝天等

捨皮如清淨藏菩薩及金色天子金色
鹿王等
捨手足指如堅精進菩薩及金色王等
捨肉指甲如不可盡菩薩及求善法天子
等為求法故入大火坑如精進菩薩及妙
法王精進等受一切苦惱如妙法菩薩及
速行大王等
捨四天下大地及一切莊嚴如得大勢至菩
薩及勝切月天子等
捨身如摩訶薩埵菩薩及摩訶薩婆羅
王等自身與一切貧窮苦惱衆生作給

王等自身與一切貧窮苦惱衆生作給
使侍者如尸毗王等舉要言之過去未
来現在諸菩薩一切波羅蜜行願我亦
如是成就十方世界諸妙香華鬘諸
妙伎樂我隨喜供養佛法僧復迴此
福德施一切衆生願因此福德諸衆生
等莫隨惡道因此福德滿足八万四千
諸波羅蜜行速得授阿耨多羅三藐三
菩提記速得不退轉速成无上菩提
次礼十二部尊經大藏法輪
南无五十法戒經　南无愛欲聲經

南无惟眀經
南无五盖離疑經
南无一切義要經
南无慧行經
南无五陰喻經
南无思道經
南无王舍城鷲山經
南无賢劫五百佛經
南无五百弟子本起經
南无權變經
南无五恐怖經
南无父母因緣經
南无內外无為經
南无五失盖經
南无浮木經
南无內外六波羅蜜經
南无佛立莊嚴淨經
南无鬼子母經
從此以上九千五百佛十二部經一切賢聖
南无難龍王經
南无佛說菩意經

南无難龍王經　南无佛說菩意經
南无觀行移四事經　南无難提和羅經
南无佛有百比丘經　南无旃陁越經
南无光世音大勢至力受决經
南无梅有八事經
次礼十方諸大菩薩
南无導師菩薩　南无那羅達菩薩
南无星得菩薩　南无水天菩薩
南无主天菩薩　南无大意菩薩
南无益意菩薩　南无增意菩薩
南无不虛見菩薩　南无善進菩薩

南无勢勝菩薩　南无常勤菩薩
南无不捨精進菩薩　南无日藏菩薩
南无不休息菩薩　南无觀世音菩薩
南无满濡尸利菩薩　南无執寶印菩薩
南无常舉手菩薩　南无弥勒菩薩
次礼聲聞緣覺一切賢聖
南无无漏辟支佛　南无憍慢辟支佛
南无盡憍慢辟支佛　南无親辟支佛
南无得脫辟支佛　南无无垢辟支佛
南无獨辟支佛　南无雞書辟支佛
南无能作憍慢辟支佛

南无能作憍愓辟支佛
南无退辟支佛　南无不退去辟支佛
南无尋辟支佛
歸命如是等无量无邊辟支佛
礼三寶已次復懺悔
已懺三塗等報今當次復稽顙懺悔
人天餘報相與禀此閻浮壽命雖曰
百年滿者无幾於其中間盛年夭
枉其數无量但有衆苦煎迫形心愁
憂恐怯未曾暫離如此皆是善根微
弱惡業滋多致使現在心有所為皆不

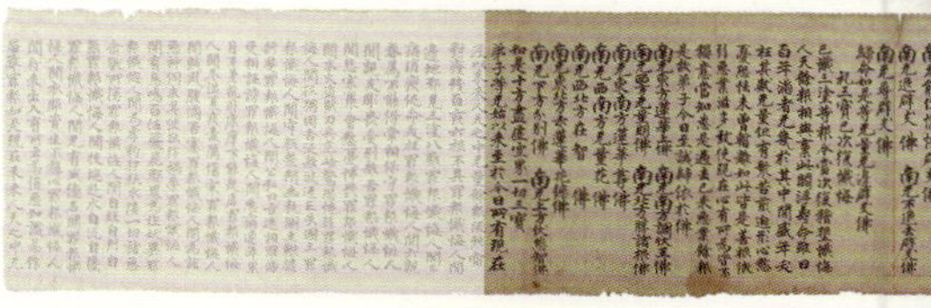

稱意當知悉是過去已來惡業餘報

是故弟子今日至誠歸依於佛

南无東方蓮華上佛　南无南方調伏王佛

南无西方无量明佛　南无北方勝諸根佛

南无東南方蓮華尊佛

南无西南方无量花佛

南无西北方在智佛

南无東北方赤蓮華花德佛

南无下方分別佛　南无上方伏態智佛

如是十方盡虛空界一切三寶

弟子等无始以來至於今日所有現在

弟子等无始以来至於今日所有現在
及以未来人天之中无量餘報流殃宿
對癃殘百疾六根不具罪報懺悔人間
邊地邪見三塗八難罪報懺悔人間多
病消瘦促命夭枉罪報懺悔人間六親
眷屬不能得常相保守罪報懺悔人
間親友凋喪愛別離苦罪報懺悔人
間怨家聚會愁憂怖畏罪報懺悔人
間水火盜賊刀兵危嶮驚恐怖弱罪報懺
悔人間孤獨困苦流離波迸亡失國土罪
報懺悔人間牢獄繫閉幽執側立鞭撻

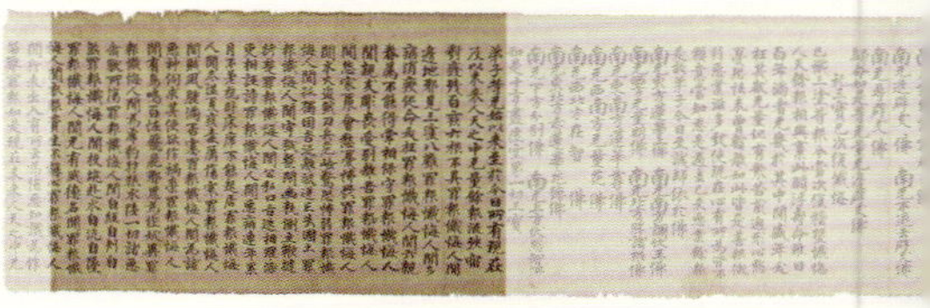

扶契罪報懺悔人間公私口舌迭相羅浡
更相誣謗罪報懺悔人間惡病連年累
月不差枕臥床席不能起居罪報懺悔
人間冬溫夏疫毒厲傷寒罪報懺悔人
間賊風腫滿否塞罪報懺悔人間為諸
惡神伺求其便欲作禍祟罪報懺悔人
間有鳥鳴百怪飛屍邪鬼為作妖異罪
報懺悔人間為虎豹犲狼水陸一切諸惡
禽獸所傷罪報懺悔人間自經自刺自
煞罪報懺悔人間投坑赴水自沉自墜
罪報懺悔人間无有威德名聞罪報懺
悔人間衣服資生不稱心罪報懺悔人

悔人間衣服資生不稱心罪報懺悔人
間行來出入有所云為值惡知識為作
留難罪報如是現在未來人天之中无